Franz Brandl

MIXVERGNÜGEN

1/5 ROSE'S
+ 4/5 Wasser
1+4
CINZA
2%Vol.
ROSE'S
ME JUICE
CORDIAL
LIQUOR
GALL
LIQUEU
1896
A DITTA ART
0,71 e
PRODUCE
ALLEINIM
ARKEN IMPORT
MIT FARB
APE
POCO
mit Farb

Franz Brandl

MIX-VERGNÜGEN

mit und ohne Alkohol.

Verführerische und berühmte Drinks aus aller Welt.

Gestaltung der Fotos: Foodfotografie Eising.

GU GRÄFE UND UNZER

INHALT

Beachten Sie bitte unseren Hinweis über den richtigen Umgang mit Alkohol »Genuß ohne Reue« auf Seite 15.

BARMEISTER BRANDL

Der Autor dieses Buches, Franz Brandl, ist einer der ganz großen seines Fachs: Er ist Barmeister – und davon gibt es nur wenige in Deutschland. Sein feuchtfröhliches Handwerk lernte er von der Pike auf – er startete mit einer Kellner- und Barmixerlehre. 1976 legte er dann erfolgreich die Barmeisterprüfung ab. Seine Karriere führte über viele prominente Stationen. So war er unter anderem Barchef im »Grand Hotel Continental« in München, in »Harry's New York Bar« und in Eckart Witzigmanns berühmten Drei-Sterne-Restaurant »Aubergine«. Im Hotel »Sheraton« war er schließlich als Barmanager tätig. Später mixte und kredenzte Franz Brandl im eigenen Etablissement – in »Brandls Bar« in Münchens lebensfrohem Viertel Schwabing. Seit jüngster Zeit konzentriert er sich ganz aufs Bücherschreiben. Als Autor hat sich Brandl aber schon längst einen Namen gemacht: Sein erstes Buch »Das Buch der geistigen Genüsse« ist ein Standardwerk für die Fachwelt und »gehobene« Hobbymixer. Es folgten weitere erfolgreiche Bücher – und alle kreisen um das gleiche Thema: das unterhaltsam-heitere Mixvergnügen!

VORWORT

*Willkommen in der anregenden, vielseitigen und farbenprächtigen Welt der Drinks!
Eine faszinierende Atmosphäre umgibt die schäumenden und prickelnden Fizzes, Collins, Flips und wie sie alle heißen.
Denn Drinks signalisieren gehobenen Lebensstandard, einen Hauch von Luxus – und natürlich gute Laune. Nicht umsonst heißt die Stunde der Drinks »Happy Hour«.
Sie entführt uns in eine heitere Welt voller Lebensfreude. In der fröhlichen Umgebung der Mixgetränke haben Kummer, Sorgen, und Alltagsstreß keinen Platz – mit einem belebenden Cocktail können Sie jeden noch so unerfreulichen Tag beschwingt ausklingen lassen. Die bunten Mixereien zaubern auch einen Funken Urlaubsseligkeit ins Glas: Wenn Sie einen Daiquiri oder Planter's Punch in der Hand halten, wird die ganze Pracht der Karibik lebendig mit ihren weißen Sandstränden, dem türkisblauen Meer und den wogenden Palmen.
Dieses Buch will Sie verführen, tief ins Mixvergnügen einzutauchen, damit Sie möglichst viele Drinks kunstgerecht zu mixen lernen. Das geht leicht und problemlos, weil Sie auf den ersten Seiten über Wissenswertes rund ums Mixen informiert werden – von der erforderlichen Barausstattung bis hin zu pfiffigen Dekorationen.
Neben Tips & Tricks bietet das Buch noch viele andere Anregungen (auch über den richtigen Umgang mit Alkohol, Seite 15).
Und damit Sie mit der Zeit auch ein richtiger Mixmeister werden, enthält der Rezeptteil den Weltstandard vom Feinsten und auch viele unbekanntere, aber nicht minder köstliche Drinks.*

Und nun – hinein ins amüsante Mixvergnügen und jede Menge Spaß!

Ihr Franz Brandl

DIE HAUSBAR
GERÄTE-GRUNDPROGRAMM

Egal, ob Sie mit der Zeit ein richtiger Mixkünstler werden wollen oder ob Sie nur eben mal ein paar Drinks ausprobieren möchten – zum richtigen Mixen gehört nicht viel Gerät. Vor allem für den Anfang genügt die Anschaffung eines Shakers und eines Barsiebs, denn die anderen Geräte finden sich in irgendeiner Form sowieso im Haushalt. Wenn Ihnen die hübschen Profi-Utensilien gefallen, können Sie ja Ihre Hausbar nach und nach damit ausstatten.

Das Herzstück der Barausrüstung ist der ***Cocktailshaker*** *– hier sollten Sie nicht knausern und gute Qualität kaufen: einen zweiteiligen Shaker aus edlem Metall oder einen* ***Bostonshaker*** *aus einem Metall- und einem Glasteil.*
Ein fabelhaft praktisches Bargerät ist der ***elektrische Mixer****. Auch wenn er nicht lebensnotwendig ist, so erleichtert er doch Ihren »Barbetrieb«. Zum Beispiel können Sie darin größere Mengen zubereiten (dann die Flüssigkeit später auf Eiswürfel abgießen) oder Drinks vermischen. Außerdem können Sie mit ihm Sahne schlagen, Creams mit Wasser verflüssigen und Früchte pürieren. Es gibt auch Profi-Mixer, die Ihnen die gewünschten Drinks fix und fertig »servieren« – samt Eiswürfeln oder »cracked ice«.*

In der folgenden Auflistung finden Sie alle weiteren wichtigen Barutensilien:

Barlöffel: *Zum Verühren von Cocktailzutaten und Eiswürfeln im Rührglas. Er wird auch als Maßeinheit für Sirups und Creams benutzt. Ein Barlöffel faßt 0,5 cl.*
Barmesser: *Ein mittelgroßes Sägemesser mit zwei Spitzen zum Schneiden und Aufspießen der Früchte.*
Barsieb (Strainer): *Das Spiralsieb hält beim Abseihen aus dem Shaker oder Rührglas die Eisstücke zurück.*
Barzange: *Damit können Sie fest sitzende Sekt- und Champagnerkorken lockern oder die Haltedrähte der Korken durchtrennen. Außerdem ist sie vielseitig verwendbar als Dosenöffner, Nußknacker und Kapselheber.*
Champagner-Flaschenverschluß: *Zum festen Verschließen angebrochener Champagner-(Sekt-)Flaschen. Ein Kohlensäureverlust wird so einige Zeit verhindert.*

Von links nach rechts: Trinkhalme, Cocktailspieße, Barmesser, Barzange, Kellnerkorkenzieher, Champagner-Flaschenverschluß, Profiausgießer und Meßbecher

Bostonshaker und Barsieb (Strainer)

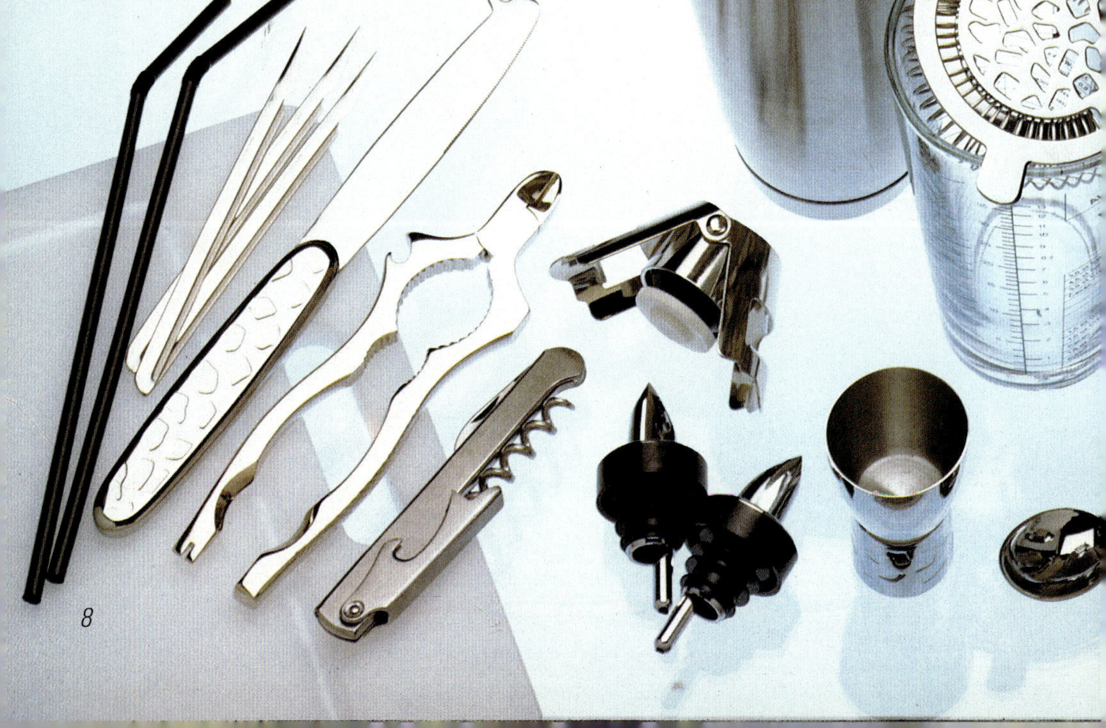

Cocktailspieße: *Kleine dekorative Spießchen aus Holz, Metall oder Kunststoff zum Aufspießen von Oliven, Kirschen und vielem anderen.*
Eiseimer *gibt's aus Glas oder Metall zur Aufbewahrung der Eiswürfel. Vorteilhaft sind doppelwandige aus Kunststoff mit Deckel.*
Eiszange oder Eisschaufel: *zum Einfüllen von Eis ins Glas oder in den Shaker.*
Flaschenöffner *zum Öffnen von Kapselverschlüssen.*

Korkenzieher: *Gut eignen sich Hebelkorkenzieher mit breiter Spirale, die mit einem Schneidemesser ausgerüstet sind.*
Meßbecher *zum Abmessen der Zutaten. Sie können aber auch Schnapsgläser mit 2-cl- und 4-cl-Eichung verwenden.*
Profi-Ausgießer: *Wird auf die Flasche gesetzt. Mißt beim Ausgießen die Mengen cl-genau ab.*
Rührglas *(auch Bar- oder Mixglas): In dem dickwandigen hohen Glas mit Ausgießschnabel werden alle Cocktails gemischt, die gerührt werden. Auch das Unterteil des Bostonshakers eignet sich als Rührglas.*
Schneidebrett: *Ein größeres Kunststoffbrett zum Schneiden von Früchten.*
Stirer (Rührstab): *Ein langer Kunststoffstab zum Rühren von Longdrinks und zum Aufspießen von Früchten.*
Trinkhalme, *möglichst bunt und farbenprächtig, sollten in verschiedenen Längen vorhanden sein.*

Champagnerkübel mit Einsatz

Eiseimer mit Einsatz und Eiszange

Cocktailshaker

…arlöffel, …aschenöffner, …orkenzieher

CARL MERTENS
SOLINGEN GERMANY

GLÄSERGALERIE

Mit den Gläsern, die Sie hier sehen, können Sie fast alle Cocktails und Mixgetränke dieses Buches »standesgemäß« präsentieren. Sonderformen wie das Irish-Coffee-Glas lassen sich problemlos durch ein ähnliches Glas ersetzen. Diese Gläsertypen müssen Sie natürlich nicht alle auf einmal kaufen. Verwenden Sie zuerst ähnliche Gläser aus Ihrem Haushalt und stocken Sie dann eventuell nach und nach auf – je nach den Drinks, die Sie in Ihr Herz geschlossen haben.

Schöne Gläser werten – wie auch bei Wein oder Champagner – jedes Mixgetränk auf. Nach der Devise »das Auge trinkt mit« sollten Sie besonders die klassischen Cocktails in optisch ansprechenden Gläsern servieren – denn diese Drinks werden meist ohne Dekoration angerichtet.
Dünne Gläser gehen natürlich leichter zu Bruch, sie haben aber ein großes Plus: Sie beschlagen sehr schnell und präsentieren dadurch jeden Drink frisch und appetitlich.

Die wichtigsten Gläsertypen

Im Bild von links nach rechts:
Cocktailschale *für Medium und Sweet Drinks mit Sahne oder Säften, die durch ihr größeres Volumen nicht mehr in Cocktailgläser passen.*
Cocktailglas *für Short Drinks wie Martini Cocktail und Manhattan, die mit Eiswürfeln im Glas gerührt werden. Dünne Gläser eignen sich besonders zum dekorativen Frosten im Gefrierfach.*
Fancy- oder Fantasygläser *für exotische Drinks und große Longdrinks mit viel Inhalt wie Zombie. Außerdem für das Anrichten von Drinks auf gestoßenem Eis.*
Stielglas *für Sours und Flips, aber auch für Drinks, die man sonst in Cocktailschalen serviert wie Daiquiri, Side Car oder Margarita.*
Champagnertulpe *für geschüttelte Cocktails auf der Basis von Likör oder Spirituosen mit Fruchtsäften, die mit Champagner aufgefüllt werden.*
Hohes Stielglas *für bekannte Klassiker, konzentrierte, meist süße Mixdrinks aus Likör und Spirituosen wie Black Russian, White Russian und Rusty Nail.*
Old-Fashioned-Glas: *Das einzig richtige Glas für den Old Fashioned Cocktail, den Urvater aller Cocktails. Außerdem können Sie darin alle Cocktails, Spirituosen und Liköre »on the rocks«, Frappés und Fancy Drinks wie Caipirinha stilgerecht kredenzen.*
Highballglas: *Das mittelgroße Longdrinkglas ist vielseitig einsetzbar – es eignet sich für Bitter Aperitifs mit Soda, für Fizzes, Sours on the rocks, Collins und verschiedene Fancy Drinks.*
Champagnerkelch *oder Sektflöte für Berühmtheiten wie Kir Royal, Champagner-Cocktail und leicht parfümierte, klare Champagner-Drinks.*
Longdrinkglas *für klassische Longdrinks wie Screw Driver, Gin Tonic oder Rum Cola und auf Eis angerichtete Mixgetränke mit größerem Volumen.*

DIE WICHTIGSTEN ZUTATEN

Wenn Sie planen, eine eigene Hausbar »auf die Beine zu stellen«, finden Sie auf dieser Doppelseite die nötigen Orientierungshilfen zum Einkauf der Zutaten. Keine Angst vor den Kosten, denn Spirituosen, Liköre und sonstiges Zubehör sind gar nicht so teuer, wie Sie vielleicht denken. Außerdem können Sie alles, was man zur Gründung einer Hausbar braucht, in aller Ruhe, nach und nach, einkaufen und so Ihr Barsortiment langsam aufstocken.

Die wichtigsten Spirituosen

Für den Start empfehle ich Ihnen zwölf verschiedene Spirituosen und Liköre, und als dreizehnter im Bunde darf natürlich Champagner nicht fehlen.

Damit können Sie bereits über sechzig der in diesem Buch genannten Rezepte mixen. Für Abwechslung ist gesorgt, die Möglichkeiten reichen vom spritzigen Aperitif bis hin zum tropischen Longdrink.

Und auch pur ist der Inhalt Ihrer Hausbar vielseitig zu verwenden: Sie haben gekühlten Wodka zum Bier im Hause und können Ihren Gästen ein Glas Champagner als problemlosen Begrüßungsdrink anbieten. Liköre und Cognac dienen auch ungemixt der nachmittäglichen Stärkung oder zum Abschluß eines Essens.

Mit dem folgenden alkoholischen Sortiment sind Sie also bestens gerüstet für kommende Freuden, und mit jeder weiteren Spirituosen- oder Likörsorte erweitert sich Ihr Angebot um viele Möglichkeiten.

Aperol
weißer Rum
brauner Rum
Gin
Wodka
Cognac
Bourbon Whiskey
weißer Tequila
Southern Comfort
Cointreau
Bols Blue Curaçao
Bols Creme de Bananes
Champagner

Und wenn Sie dann irgendwann alle diese Alkoholika in Ihrer Bar stehen haben, können Sie die Auswahl noch um Scotch Whisky, Galliano, Apricot- und Cherry Brandy erweitern.

Die wichtigsten nichtalkoholischen Zutaten

Zum Mixen brauchen Sie aber nicht nur Alkoholisches. Die meisten Drinks enthalten außerdem eine Reihe sogenannter nichtalkoholischer »Mixer«:

Säfte und Limonaden
Orangensaft
Zitronensaft
Ananassaft
Grapefruitsaft
Bananensaft
Maracujanektar
Pfirsichnektar
Tomatensaft
Tonic Water
Bitter Lemon
Ginger Ale
Cola
Soda Water

Früchte
Cocktailkirschen
Zitronen (unbehandelt)
Orangen (unbehandelt)
Limonen (unbehandelt)
Ananas
Kiwi
Bananen
Erdbeeren
Karambole
Aprikosen
Pfirsiche
Melone

Sirups und Creams
Zuckersirup
Grenadinesirup
Mandelsirup (Orgeat)
Erdbeersirup
Maracujasirup
Kokossirup
Cream of Coconut
Rose's Lime Juice

Gewürze und Mixzutaten
Angostura
Pfeffer
Selleriesalz
Salz
Tabasco
Worcestershiresauce
Puderzucker
Würfelzucker
Sahne
Minze

WAS SIE ALLES DAMIT MIXEN KÖNNEN

Wenn Sie meinen Vorschlägen zum Aufbau einer Bar gefolgt sind, können Sie mit den neuerworbenen Mixzutaten jetzt schon alle hier aufgelisteten Drinks zubereiten:

Aperitifs
Florida (Seite 39)
Aperol Royal (Seite 39)
Italian Gipsy (Seite 40)

Champagner-Cocktails
Champagner-Cocktail (Seite 62)
Caribbean (Seite 62)
Adria Look (Seite 78)
Southern Trip (Seite 125)

Dry (herbe) Cocktails
Old Fashioned (Seite 96)
White Lady (Seite 78)
Side Car (Seite 74)
Margarita (Seite 114)

Medium Cocktails
Daiquiri (Seite 65)
Gimlet (Seite 81)
Pelican (Seite 96)
Kentucky Peach (Seite 97)
Strawberry Margarita (Seite 114)
Mexican Sunset (Seite 115)

Sweet Cocktails
Chiquita Punch (Seite 148)

Sours
Aperol Sour (Seite 40)
Louisiana Sour (Seite 98)
Whisky Sour (Seite 96)

Longdrinks
Gin Tonic/Bitter Lemon/Orangensaft (ohne Rezept)
Wodka Tonic/Bitter Lemon/Orangensaft (ohne Rezept)
Bourbon Cola/Ginger Ale (ohne Rezept)
Cuba Libre (Seite 66)
Tom Collins (Seite 77)
Big Ben (Seite 78)
Bloody Mary (Seite 84)
Springtime Cooler (Seite 83)
Beach Beauty (Seite 86)
Colonel Collins (Seite 99)
Horse's Neck (Seite 98)
Mint Julep (Seite 97)
Tequila Sunrise (Seite 115)
Comfort Cooler (Seite 124)
Honolulu Juicer (Seite 124)
Florida Comfort (Seite 125)
Black Sun (Seite 136)
Mer du Sud (Seite 134)
Kingston Town (Seite 138)
Rémy Cup (Seite 73)
Frenchy (Seite 72)

Tropical Longdrinks
Mai Tai (Seite 69)
Pina Colada (Seite 69)
Strawberry Colada (Seite 68)
Banana Royal (Seite 68)
Planter's Punch (Seite 66)
Swimming Pool (Seite 85)
Eldorado (Seite 116)
Zorro (Seite 117)

Fancy Drinks
Caipirowka (Seite 87)
Rémy Top (Seite 74)

Alkoholfreie Drinks
Orange Velvet (Seite 154)
Cinderella (Seite 157)
Pussy Foot (Seite 156)
Baby Pina Colada (Seite 154)
Yellow Orchid (Seite 154)
Alice (Seite 155)

GENUSS OHNE REUE

Das Genußmittel Alkohol hat wie vieles auf dieser Welt zwei Seiten. Einerseits ist der richtige Schluck zur richtigen Zeit ein gutes Entspannungsmittel, hilft ein Gespräch in Gang oder eine Party in Schwung zu bringen. Andererseits schafft Alkohol Probleme, wenn das richtige Maß überschritten und er regelmäßig genossen wird. Beschwipst sieht alles rosig aus, und man greift immer wieder zum Glas, um diesen angenehmen Zustand aufrechtzuerhalten – und merkt nicht, wie einem die Kontrolle langsam entgleitet.

Um am nächsten Tag nicht sagen zu müssen »niemals wieder«, muß man sich ein Limit setzen, das unter dem Konsum des letzten Ausrutschers liegt.

Trinken Sie aber überhaupt keinen Alkohol, wenn Sie später noch Auto fahren müssen. Wenn Sie einmal viel getrunken haben, müssen Sie damit rechnen, daß Sie auch am nächsten Tag noch nicht fahrtüchtig sind, denn der Körper baut den Alkohol nur langsam ab. Um einen Cocktail wieder abzubauen, braucht die Leber 2–4 ½ Stunden. Wenn Sie dennoch trinken, nehmen Sie sich ein Taxi.

Fahren Sie am besten nie mit dem Auto zu einer Party oder einer langen Nacht, sondern planen Sie von vornherein den Nachhauseweg mit einem Taxi oder einer anderen Mitfahrgelegenheit.

Heutzutage bietet jede Bar oder Gaststätte alkoholfreie Getränke an, und dies sollte auch ein verantwortungsvoller Gastgeber für seine autofahrenden Gäste tun. Alkoholfreie Mixgetränke sind der große Renner, aber auch alkoholfreier Wein und entalkoholisierter schäumender Wein werden im Handel angeboten. Wurde man vor nicht allzulanger Zeit noch ausgelacht und war kein »ganzer Kerl«, wenn man etwas Alkoholfreies trank, so kann man heute eher mit Anerkennung rechnen, gilt als verantwortungsbewußt und »in«.

Daß Kindern und Jugendlichen keine alkoholischen Getränke angeboten werden, versteht sich von selbst.

Denken Sie also daran, daß Alkohol Freund und Feind sein kann und handeln Sie danach.

SIRUPS UND CREAMS

Sirups und Creams haben beim Mixen gleich mehrere Funktionen: sie süßen, geben dem Drink interessante Geschmacksnuancen und bringen Farbenpracht ins Glas. Man kann sie hervorragend mit Fruchtsäften mischen oder mit ihnen farbige und exotische Mixgetränke mit und ohne Alkohol »zaubern«. Sirups sind konzentrierte, dickflüssige Lösungen von Zucker in Wasser (Zuckersirup) oder Zucker in Fruchtsäften oder Pflanzenauszügen.
Das Angebot an Mixgetränken war bis in die 70er Jahre recht eintönig, kein Wunder, standen doch nur ***Zuckersirup*** *und* ***Grenadine*** *zur Verfügung. Der Grenadine, meist eine Sirupmischung mit Granatapfelgeschmack, löste bereits in den 50er Jahren den bis dahin verwendeten Himbeersirup wegen seiner schöneren Farbe und größeren Geschmacksintensität ab. Heute kann jeder Barmixer auf ein großes Angebot von Sirups zurückgreifen.*
Sirups und exotische Säfte passen optimal zu den verschiedensten Spirituosen und Likören – so lassen sich immer neue interessante Drinks kreieren.
Verschiedene französische und italienische Produzenten bieten eine bis zu 30 Sorten umfassende Sirup-Palette an. Außer dem Grenadine, den jede Firma im Programm hat, sind die wichtigsten Sorten ***Maracuja, Mango, Banane, Orange, Erdbeer, Pfirsich, Cassis und Cocos.*** *Aber auch ausgefallenere Sirups wie* ***Blue Curaçao, Pfefferminz, Anis, Zimt oder Kiwi*** *finden ihre Freunde. Phantasiereich mixen kann man auch mit einem* ***Mandelsirup,*** *der in Frankreich und den USA als* ***Orgeat,*** *in Italien als* ***Orzata*** *angeboten wird. Dieser milchig-weiße Sirup ist besser fürs Mixen geeignet als andere wasserhelle Produkte mit Mandelgeschmack, da er besonders intensiv und aromatisch ist. Ein unverzichtbares »Muß« in jeder Bar, natürlich auch der Hobbybar, ist* ***Rose's Lime Juice.*** *Dieser international bekannte, klare Limonensirup ersetzt bei vielen Mischungen Zitronensaft und Zuckersirup. In die gleiche Kategorie von Mixzutaten, die zugleich süßen und Geschmack verleihen, gehört auch die exotische* ***Cream of Coconut.*** *Das in Dosen angebotene Kokosmark ist teilweise dickflüssig, teilweise fest-cremig. Vor dem Mixen sollten Sie es zuerst gut durchrühren. Sie können das Kokosmark auch leicht »strecken« und eine Kokosmilch herstellen: Stellen Sie die geschlossene Dose in heißes Wasser, öffnen Sie sie nach einiger Zeit. Gießen Sie den nun flüssigen Inhalt in eine Flasche und füllen Sie mit der gleichen Menge heißem Wasser auf. Diese »Milk of Coconut« kühl lagern. Falls sie zu dickflüssig werden sollte, die Flasche wieder unter heißes Wasser halten. Die Kokosmilch hält sich relativ lange. Sie können sie auch wiederholt erwärmen – das schadet weder der Haltbarkeit noch dem Geschmack. Außerdem schmecken Drinks mit Milk of Coconut so gut, daß ein fleißiger Mixer eine ganze Flasche in kürzester Zeit vernaschen kann.*

AUS DEM SAFT
DIE SÜSSE
KARIBISCHEN ZUCKERROHRS
Mandel

PIKANT, SÜSS UND PRICKELND – SÄFTE UND LIMONADEN

Säfte und Limonaden – auf sie kann keine, noch so bescheidene Hausbar verzichten. Sie schäumen oder sprudeln, geben den Drinks Farbe und bestimmen oft die Geschmacksrichtung ... und sie waren oft ausschlaggebend bei der Neuschöpfung vieler moderner Mixgetränke.

Jahrzehntelang trank man an den Bars der Welt immer dieselben alkoholstarken Klassiker. Erst die Entwicklung neuer Spirituosen, Liköre, Säfte und Limonaden brachte wieder Schwung in die etwas eintönige Palette der Drinks. Vor allem die Longdrinks und Cocktails erlebten eine grandiose Renaissance – raffiniert, aber einfach zu mixen, bereichern sie heute das internationale Angebot.

Unverzichtbare Klassiker in der »Säfte-szene« sind ***Zitronen-*** *und* ***Orangensaft****. Sie stammen schon aus der »Antike« der Mixgetränke – und sind heute noch genauso wichtig wie damals. Vor etwa 20 Jahren kam dann der* ***Ananassaft*** *zum Durchbruch, und in den letzten Jahren hielten* ***Grapefruit-****,* ***Maracuja-*** *und* ***Mangosaft*** *siegreichen Einzug in den Bars.*

An prickelnden nichtalkoholischen Mix-zutaten sind seit eh und je ***Soda*** *(oder sprudelndes Mineralwasser) und* ***Cola*** *sehr beliebt. Seit einigen Jahrzehnten müssen sie sich ihre Vorrangstellung aber mit den sogenannten Bitter-Limonaden teilen – denn* ***Bitter Lemon****,* ***Tonic Water*** *und* ***Ginger Ale*** *stehen heute ganz oben auf der Beliebtheitsskala. Alle diese Säfte und Limonaden sollten Sie übrigens in Ihrer Bar vorrätig haben, denn sie gehören zur Grundausstattung des Barsortiments.*

Heutzutage wird eine fast unübersehbare Vielfalt von Limonaden und Säften ange-boten – ein breites Experimentierfeld für jeden innovativen Mixfreund.

PFIFFIG DEKORIEREN

Das Auge ißt nicht nur mit, es trinkt auch mit, und deshalb sollten Sie Ihre Drinks möglichst attraktiv servieren.
Bis in die frühen 70er Jahre reichten Orangen, Zitronen und Cocktailkirschen zum Garnieren der meisten Cocktails. Denn viele frische Früchte wie zum Beispiel Erdbeeren konnte man nur zur Saison kaufen und nicht wie heute das ganze Jahr über. Dekorative exotische Früchte wie Kiwi oder Karambole waren kaum bekannt, ihr Import stand noch auf schwachen Füßen. Das hat sich heute geändert. Durch das große Angebot neuer köstlicher Spirituosen und Liköre sowie durch die Fülle sonstiger raffinierter Mixzutaten angeregt, kreierten die Barmixer jede Menge neuer Drinks. Vor allem Tropendrinks wurden sehr beliebt – und diese vor allem verlangen nach einer schönen Garnitur. So entstanden originelle Dekorationen, von denen ich Ihnen auf diesen Seiten einige vorstellen möchte.
Sie können aber auch Ihrer Fantasie freien Lauf lassen und eigene Kreationen erfinden. Dabei sind jedoch einige Regeln zu beachten. Grundsätzlich sollten Sie frische eßbare Früchte verwenden . Diese sollten auf die Geschmacksrichtung des jeweiligen Drinks abgestimmt sein.
Wenn Sie Fruchtspieße zusammenstellen, sollten sich die aufgespießten Früchte auch farblich unterscheiden. Für das Dekorieren selbst gibt es drei verschiedene Möglichkeiten: Fruchtspieße können Sie über den Glasrand legen, ganze Früchte oder Fruchtstücke können Sie aber auch einschneiden und an den Rand stecken, oder Sie geben sie direkt in den Drink.

Und so könnten Ihre Dekorationen aussehen (im Bild von links unten nach rechts oben):

Ananas mit Kiwi und Kirsche
1 Ananasscheibe vierteln und den harten Strunk herausschneiden. 1 Ananasstück einschneiden und an den Glasrand stecken. Mit einem Cocktailspieß 1 geschälte Kiwischeibe und 1 Cocktailkirsche daranstecken.

Zitrusgarnitur
Je 1 Orange, Zitrone und Limone mit einem Schälmesser in 8 Segmente einteilen. Je eine Scheibe abschneiden und diese mit 1 Cocktailkirsche zusammenspießen.

Erdbeere mit Minze
Von 1 Erdbeere die grünen Blätter abschneiden und durch 1 Minzezweig ersetzen. Die Erdbeere bis zur Hälfte einschneiden und an den Glasrand stecken.

Bunter Fruchtspieß
Geschälte Kiwischeiben, Erdbeeren, Melonenkugeln und 1 Cocktailkirsche auf einen Spieß stecken (Reihenfolge siehe Foto).

Fruchtspieß mit Ananas und Kirschen
1 Ananasscheibe achteln, den harten Strunk herausschneiden. Einige Ananasblätter, dann 3 Ananasstücke abwechselnd mit 3 Cocktailkirschen auf einen Spieß stecken.

Karambole mit Kirsche und Minze
Vom Mittelstück von 1 Karambole eine Scheibe abschneiden, diese bis zur Mitte einschneiden, an den Glasrand hängen und mit einem Spieß 1 Minzezweig und 1 Cocktailkirsche daranstecken.

Fruchtspieß mit Ananas, Kirschen und Banane
1 Ananasscheibe vierteln oder achteln, den Strunk herausschneiden, und ein Stück mit Kirschen und Bananenstücken abwechselnd auf einen Spieß stecken.

Orangengarnitur mit Kirschen
1 Orangenscheibe bis zur Mitte einschneiden, die Enden verdrehen und einen Spieß durchstecken. Dazwischen 2 Kirschen spießen.

PFIFFIG DEKORIEREN

Hier finden Sie eine Liste aller in diesem Buch verwendeten Früchte und Zutaten und Vorschläge, wie Sie damit dekorieren können:

Zitrone: *als Scheibe, Schalenstück oder spiralig abgeschnittene Schale*

Orange: *wie Zitrone*

Limone: *als Scheibe*

Kiwi: *geschält in dicken Scheiben zum Anstecken an den Glasrand, für den Fruchtspieß*

Erdbeeren: *zum Anstecken an den Glasrand, für den Fruchtspieß*

Weintrauben: *für den Fruchtspieß*

Apfel: *in Stücken zum Anstecken an den Glasrand*

Pfirsich: *in Stücken zum Anstecken an den Glasrand, für den Fruchtspieß*

Aprikose: *wie Pfirsich*

Ananas: *in Stücken zum Anstecken an den Glasrand, für den Fruchtspieß*

Melone: *Melonenkugeln für den Fruchtspieß, im Drink oder in Stücken am Glasrand*

Karambole: *in Scheiben geschnitten zum Anstecken an den Glasrand, für den Fruchtspieß*

Bananen: *Scheiben für den Fruchtspieß oder in Stücken zum Anstecken an den Glasrand*

Mandarinenspalten: *für den Fruchtspieß*

Cocktailkirschen: *Sie werden vielfach auf am Glasrand hängende Fruchtstücke gespießt, mit anderen Früchten auf den Fruchtspieß gesteckt oder direkt ins Glas gegeben.*

Grüne Oliven mit Stein: *im Martini-Cocktail.*

Minzezweige *und -blätter: werden in die Drinks gestellt, sie geben vielen exotischen Drinks ein frisches Aussehen.*

Ananasblätter: *aufgefächert auf einen Spieß gesteckt lassen sich Drinks damit garnieren, man kann Sie aber nicht essen.*

Muskatpulver: *zum Bestreuen von Flips und anderen Drinks.*

Kokosraspel,
Schokoladenraspel,
Mandelstifte,
gehackte Pistazien,
Kakaopulver: *zum Bestreuen von Sahnehauben auf heißen Getränken sowie kalten Sahnedrinks.*

Puderzucker: *zum Überpudern von angefeuchteten Minzeblättern.*

Zucker- und Salzrand: *Das Fruchtfleisch einer geviertelten Zitrone wird leicht eingeschnitten und darin der Glasrand gedreht. Anschließend wird der Glasrand in eine Schale mit Zucker oder Salz getupft.*

Im Bild oben von links: Schokoladenraspel, grüne Oliven, Muskatnuß mit Reibe, Mandelstifte. In der Mitte: Ananasblätter (nicht eßbar), Cocktailkirschen und spiralig geschnittene Zitronenschale. Unten: Kokosraspel, Pistazien und Minzeblätter. Das Glas rechts unten hat einen Zuckerrand.

TIPS & TRICKS

Mixgetränke werden auf vier grundverschiedene Arten zubereitet: durch Schütteln im Shaker, Rühren im Mixglas, Anrichten im Trinkglas oder mit Hilfe des Elektromixers.

Alle wesentlichen Schritte für das Schütteln im Shaker sehen Sie in den Stepfotos abgebildet.
Bei der Zubereitung im Profi-Elektromixer gelten die gleichen Regeln wie beim Schütteln. Hier ersetzt die Maschine die Muskelarbeit. Den Elektromixer sollten Sie aber bevorzugt für Mixgetränke mit Sahne, Milch, Speiseeis oder Creams verwenden. Bei einem durchschnittlichen Haushaltsmixer sollten Sie für mehrere Drinks alle Zutaten außer Eis in den Mixer geben, kräftig durchmixen und die Mischung auf Eiswürfel gießen.

***Im Shaker schütteln** – hier wird ein Planter's Punch »geshaked«:*

***1.** In den Unterteil des Shakers oder den Glasteil des Bostonshakers einige Eiswürfel geben, dann in der Reihenfolge Säfte, Sirup, Spirituosen die Zutaten einfüllen. Den Shaker schließen und in waagerechter Haltung vom Körper weg und wieder zum Körper hin kräftig schütteln.*
***2.** Den Shaker absetzen und öffnen. Die Flüssigkeit durch das Barsieb in das vorbereitete Glas auf Eiswürfel abgießen.*
***3.** Den Drink mit Früchten garnieren und Trinkhalme dazugeben.*

Die Zubereitungsarten

Beim Rühren geben Sie Eiswürfel und Zutaten in ein Mixglas und verrühren alles schnell und kräftig mit einem Barlöffel – und zwar in einer Spirale von oben nach unten. Dann den Drink durch ein Barsieb in ein Glas abseihen, garnieren und servieren.
Für das »Anrichten im Glas« gibt es kein festes Grundrezept, es ist von Drink zu Drink verschieden.
Wenn Sie nicht wissen, ob Sie bei einem bestimmten Drink schütteln oder rühren müssen, sollten Sie sich an folgende Faustregel halten: Geschüttelt werden sämtliche Mischungen, die Säfte enthalten. Gerührt werden alle Mischungen ohne Säfte, also solche, die aus Spirituosen und Likören, Vermouth und ähnlichen Zutaten bestehen. Kohlensäurehaltige Getränke wie zum Beispiel Champagner, Tonic Water, Cola niemals mitschütteln oder mitrühren. Sie werden zum Schluß zum Auffüllen der Drinks ins Glas gegeben.

***Im Glas anrichten** – hier wird ein Old Fashioned angerichtet:*

***1.** In ein Old-Fashioned-Glas ein Stück Würfelzucker geben, mit Angostura tränken, etwas klares Wasser dazugeben und dann den Zucker zerdrücken.*
***2.** Das Glas mit Eiswürfeln bis zum Rand füllen.*
***3.** Bourbon Whiskey bis zwei Fingerbreit unter den Glasrand hineingießen und gut rühren. Einige Cocktailkirschen und je eine halbe Orangen- und Zitronenscheibe in das Glas geben.*

Eiszeit im Glas

Daß ein Drink nur so gut werden kann, wie die verwendeten Zutaten es zulassen, ist bekannt. Viel zum Gelingen trägt aber auch das Eis bei. Es muß geschmacklich neutral sein, die richtige Größe haben und – so abwegig es klingt – es darf nicht zu kalt sein. Die Berufsbarkeeper haben Eiswürfel aus dem Eiswürfelzubereiter zur Verfügung, deren Kältegrad um die 0 °C liegt. Beim Mixen mit diesen Eiswürfeln entsteht ein anderer Kälteeffekt als mit Eiswürfeln, die aus dem Tiefkühlfach oder der Tiefkühltruhe stammen und meist minus 15° C oder noch weniger aufweisen. Eiswürfel mit geringer Kälte lösen sich beim Mixen natürlich schneller auf. Dadurch geben sie viel Flüssigkeit ab, und diese ist zum Gelingen mancher Drinks wichtig. So paradox es klingt, je kälter die Eiswürfel sind, desto geringer ist der Kühleffekt. Das fehlende Schmelzwasser kann dann nicht zur Kühlung beitragen, und während des Schüttelns oder Rührens nimmt der Drink nicht genügend Kälte vom Eis an. Drinks mit »kalten Eiswürfeln« müssen deshalb länger geschüttelt werden, oder man verwendet gestoßenes Eis, um die Drinks darauf anzurichten. Dies empfiehlt sich jedoch nur bei tropischen Longdrinks. Man kann aber auch einige Zeit vor der Zubereitung der Drinks die Eiswürfelschalen aus dem Tiefkühlfach nehmen und sie einige Zeit stehen lassen. Die Eiswürfel verlieren dadurch an Kälte.
Ausnahmen bestätigen die Regel: Grundsätzlich sollten Drinks, die Ei oder Sahne enthalten, nicht verwässern. Ebenso ist es mit allen Short-Drinks, den »kurzen« Getränken also und den von der Menge her ebenfalls klein bemessenen Sours. Longdrinks, die sowieso auf Eiswürfeln angerichtet werden, oder viel Limonaden- oder Saftanteil aufweisen, schadet Schmelzwasser in der Regel nicht. Sie werden nach dem Anrichten im Glas durch das aufgetaute Eis noch kälter.

Gestoßenes Eis herstellen
1. Die Eiswürfel aus den Eiswürfelschalen nehmen, dann auf ein Küchentuch aus Leinen legen. Das Küchentuch zu einem Beutel zusammenfalten.
2. Den Eisbeutel auf einen festen Untergrund legen und mit einem Fleischklopfer oder Holzhammer die Eiswürfel zerschlagen.
3. Die kleinen Eisstücke mit einem Löffel ins Glas geben oder direkt mit dem Glas aus dem Tuch aufnehmen. Restliches gestoßenes Eis in Gläser füllen und bis zum Gebrauch ins Gefrierfach stellen.

Zubereitung von Zuckersirup

Zuckersirup ist ein unentbehrlicher Bestandteil vieler Drinks. Er gibt vielen Mixgetränken eine angenehme Süße und löst sich in den kalten Flüssigkeiten schnell auf – was normaler Kristallzucker nicht tut. Zuckersirup können Sie heute in Feinkostgeschäften kaufen, genausogut können Sie ihn aber auch zu Hause selbst »fabrizieren«. Das geht ganz leicht und spart sogar noch ein bißchen Geld.

1. *In einem Kochtopf 1 l Wasser aufkochen. 1 kg Kristallzucker in das sprudelnde Wasser geben und einige Minuten lang umrühren. Dann ist die Flüssigkeit klar und der Zucker hat sich aufgelöst.*
Achtung: *Hantieren Sie mit der Zuckerlösung sehr vorsichtig, denn diese ist im kochenden Zustand heißer als Wasser. Spritzer können Verbrennungen hervorrufen!*
2. *Die Zuckerlösung noch etwas kochen lassen (je länger, desto dickflüssiger wird der Sirup).*
3. *Die Zuckerlösung ganz abkühlen lassen. Erst dann durch einen leicht angehobenen Trichter in Flaschen umfüllen.*

VON COCKTAIL BIS FANCY DRINK

In der Umgangssprache nennt man alle Mixgetränke Cocktails. Das ist eigentlich falsch, denn für den Fachmann sind die Cocktails nur eine der rund 30 Untergruppen der Mix-Drinks. Hier stelle ich Ihnen die wichtigsten Gruppen vor:

Cocktails

Der klassische Cocktail ist in der Regel ein Short-Drink, das heißt, vom Volumen her knapp bemessen. Diese »Kurzen« bestehen zum Teil nur aus alkoholischen Zutaten oder werden mit kleinen Mengen Sirup oder Säften zubereitet. Die Cocktails werden wiederum in Before- und After-Dinner-Drinks unterteilt. Die trockenen beziehungsweise herben Mischungen sollen den Appetit anregen, man reicht sie deshalb gerne als Before-Dinner-Drinks vor dem Essen. Cocktails mit süßem Charakter und einem größeren Anteil von Likören, Sahne oder Sirup, eine Art flüssiges Dessert also, eignen sich hervorragend zum Abschluß eines Essens. Cocktails finden Sie im Register durch ein C hinter dem Drinknamen.

Aperitifs

Als Aperitif (von lateinisch aperire = öffnen) bezeichnet man Getränke, die vor dem Essen getrunken werden. Sie sollen von der Menge her nicht zu reichlich bemessen sein, damit sie den Magen nicht belasten. Außer Before-Dinner-Cocktails können Sie trockenen Sherry und Portwein, Champagner, Bitter Aperitifs (Aperol), anishaltige Spirituosen oder auch herbe Champagner-Drinks servieren. Aperitifs finden Sie im Register durch ein A hinter dem Drinknamen.

Digestifs

Als Digestif oder After-Dinner-Drink eignen sich alle Cocktails auf süßer Basis. Um »den Magen zu schließen«, werden aber auch gerne Schnäpse und Liköre getrunken. Im Register finden Sie die Digestifs durch ein D hinter dem Getränkenamen.

Champagner-Drinks

Champagner-Drinks können Sie bei vielen Gelegenheiten kredenzen. Leichte Mischungen schmecken zum zweiten Frühstück, zur Cocktailstunde, aber auch vor und nach den Mahlzeiten. Alkoholstarke Champagner-Cocktails sind hervorragende Digestifs oder spritzige Begleiter durch eine lange, amüsante Nacht. Für alle gemixten Champagner-Drinks verwendet man gut gekühlten Champagner der Geschmacksrichtungen »Brut« und »Extra Dry«. Champagner-Drinks finden Sie im Register durch ein CH hinter dem Drinknamen.

Longdrinks

Statt der früheren klassischen Unterteilung in viele Getränkegruppen bezeichnet man heute alle Getränke mit größeren Flüssigkeitsmengen als Longdrink. In diese Kategorie gehören auch so einfache Mischungen wie Gin oder Wodka mit Tonic Water, Mixturen von Rum, Whisky oder Cognac mit Cola, Whisky mit Soda oder Ginger Ale. Außerdem zählen auch Drinks mit weiteren Spirituosen, Likören oder Aperitif-Bitters dazu, die mit Limonaden oder Säften verlängert werden, bis sie eben »long« sind. Bei all diesen Drinks gibt man Eiswürfel in ein größeres Glas, gießt die gewünschte Alkoholsorte dazu und füllt mit Limonade oder Saft auf. Die Palette der gemixten Longdrinks umfaßt unzählige Geschmacksrichtungen, da die verschiedenen Sirups, Creams, Säfte, Liköre und Spirituosen zu immer neuen Kreationen anregen. Ideale und beliebte Basis-Spirituosen sind dabei Rum, Gin, Wodka und Tequila.
Longdrinks bieten sich für alle Gelegenheiten an, bei denen im Laufe der Zeit viel Flüssiges konsumiert wird. Sie sind deshalb prima geeignet für Parties und lange Nächte. Im Register finden Sie Longdrinks durch ein L hinter dem Getränkenamen bezeichnet.

Fizzes

Die Fizzes zählen zu den beliebtesten und bekanntesten Bargetränken. Sie bestehen in der Regel aus einer Spirituose, Zitronensaft, Zuckersirup und Soda. Die Herstellung ist sehr einfach. Wichtig ist dabei, daß man die Zutaten im Shaker kräftig schüttelt und das Verhältnis von Zitrone und Zucker ausgewogen ist. Dann gießt man die Mischung in ein mittelgroßes Glas ohne Stiel und füllt mit eiskaltem Sodawasser auf.
Die Fizzes, die ohne Garnitur und den oft praktizierten Zuckerrand serviert werden sollten, sind beliebte Drinks, die zu jeder Tageszeit passen. Im Register finden Sie die Fizzes durch ein F hinter dem Drinknamen.

Sours

Sours sind international bekannte, relativ konzentrierte Getränke, denen der geschmacksprägende Zitronensaft ihren Namen gab.
Zum Whisky, der klassischen Basis für Sours, haben sich heute eine große Anzahl anderer Spirituosen gesellt. So mixt man nun Sours mit Gin, Wodka, Rum, Tequila und Cognac, aber auch mit verschiedenen alkoholstarken Likören. Sours bestehen in der Regel aus der Basisspirituose, Zitronensaft und Zuckersirup. Sie werden im Shaker geschüttelt und in kleinen Stielgläsern oder mittelgroßen Gläsern serviert. Als klassische Garnitur dekoriert man den Drink mit einer halben Orangenscheibe und einer Cocktailkirsche. Sours gelten als ideales Getränk für zwischendurch und den frühen Abend.
Sie finden Sours im Register durch ein S hinter dem Getränkenamen.

Flips

Flips sind magenfreundliche Getränke, die sich zum zweiten Frühstück und als Muntermacher zwischen den Mahlzeiten eignen. Sie werden meist mit Eigelb, Sahne und Zuckersirup zubereitet und in mittelgroßen Stielgläsern serviert. Flips schüttelt man im Shaker mit großen Eiswürfeln kurz und kräftig und bestreut sie dann mit einer Prise frisch geriebenem Muskat. Flips sind im Register durch FL hinter dem Rezeptnamen bezeichnet.

Alkoholfreie Mixgetränke

Alkoholfreie Mixgetränke sind meist Mischungen aus Sirups und Fruchtsäften. Oft bestehen sie jedoch auch aus Limonaden, Speiseeis, Eigelb, Sahne, Milch, Creams und pürierten Früchten. Die Geschmacksskala reicht von herb bis süß. Für ihre Zubereitung gibt es keine festen Regeln. Meist werden sie jedoch im Shaker geschüttelt oder im Elektromixer aufgeschlagen. Je nach Drink werden sie mit oder ohne Eiswürfel angerichtet und mit Früchten bunt garniert. Alkoholfreie Getränke können Sie zu jeder Tageszeit und zu jeder Gelegenheit servieren. Drinks ohne Alkohol finden Sie ab Seite 154 und im Register durch AF hinter dem Drinknamen.

Fancy Drinks

Fancy bedeutet spielerische Phantasie. Und Fancy Drinks sind Getränke, die dieser Art von Phantasie ihre Entstehung verdanken. Sie gehören sonst in keine bestimmte Kategorie. Jeder Drink wird entsprechend den Rezeptangaben anders zubereitet. Einige Fancy Drinks sind internationale Berühmtheiten geworden, so zum Beispiel die Bloody Mary und der Caipirinha. Diese Drinks erkennen Sie im Register durch das Kürzel FA.

FÜR HOCH- UND ANDERE ZEITEN

*Welchen Drink serviert man zu welcher Gelegenheit?
Abgesehen von der Tageszeit, die ja auch die richtige Auswahl der Getränke erfordert, gibt es viele gesellige Anlässe, bei denen bestimmte Getränke bevorzugt werden, am besten passen oder sich eingebürgert haben:*

Begrüßungsdrink:
*schnell zubereitete Longdrinks, Aperitifs, Champagner-Drinks (siehe Register).
Aperol Royal (Seite 39), Florida (Seite 39), Italian Gipsy (Seite 40), Americano (Seite 56), Champagner-Cocktail (Seite 62).*

Cocktailparty:
*tropische Longdrinks, die sich in größeren Mengen vorbereiten lassen, Aperitifs, Longdrinks, Champagner-Drinks (siehe Register).
Planter's Punch (Seite 66), Cuba Libre (Seite 66), Gin mit Tonic, Wodka mit Orangensaft, Florida (Seite 39), Aperol Royal (Seite 39), Italian Gipsy (Seite 40), Americano (Seite 56), Champagner-Cocktail (Seite 62), Max Joseph (Seite 61).*

Damenkränzchen:
*Champagner-Drinks, Sahnedrinks, Aperitifs (siehe Register).
Red Kiss (Seite 61), Caribbean (Seite 62), Sparkling Strawberry (Seite 62), Brandy Alexander (Seite 72), Grasshopper (Seite 146), Golden Dream (Seite 132), White Russian (Seite 86), Americano (Seite 56), Aperol Royal (Seite 39).*

Gartenparty:
*tropische Longdrinks, Aperitifs, Champagner-Drinks (siehe Register).
Planter's Punch (Seite 66), Tequila Sunrise (Seite 115), Cuba Libre (Seite 66), Americano (Seite 56), Florida (Seite 39), Aperol Royal (Seite 39), Southern Trip (Seite 125).*

Herrenabend:
*klassische Dry Cocktails, Longdrinks (siehe Register), Cognac, Calvados.
Old Fashioned (Seite 96), Martini Dry Cocktail (Seite 79), Manhattan (Seite 105), Side Car (Seite 74), White Lady (Seite 78), Gin mit Tonic, Bloody Mary (Seite 84), Horse's Neck (Seite 98).*

Karnevalsparty:
*Champagner-Drinks, klassische Longdrinks (siehe Register).
Southern Trip (Seite 125), Singapore Sling (Seite 79), Horse's Neck (Seite 98), Cuba Libre (Seite 66), Gin mit Tonic.*

Geburtstagsparty:
*je nach Alter der Teilnehmer vom alkoholfreien Mixgetränk (ab Seite 154) über milden Flip bis zu leichten Longdrinks und Champagner-Drinks (siehe Register).
Porto Flip (Seite 48), Florida Comfort (Seite 125), Zorro (Seite 117), Comfort Cooler (Seite 124), Italian Gipsy (Seite 40), Sparkling Strawberry (Seite 62), Southern Trip (Seite 125), Adria Look (Seite 78).*

Verlobung:
*Aperitifs mit Champagner, Champagner-Drinks (siehe Register).
Aperol Royal (Seite 39), Italian Gipsy (Seite 40), Portofino (Seite 63), Sternstunde (Seite 60), Red Kiss (Seite 61).*

Hochzeit:
*alles vom Feinsten: Champagner, Champagner-Drinks (siehe Register).
Sternstunde (Seite 60), Red Kiss (Seite 61), Prince of Wales (Seite 60).*

Katerfrühstück:
saure Säfte, Bloody Mary (Seite 84) oder Bull Shot (ist eine Bloody Mary mit Consommé statt mit Tomatensaft).

JEDE STUNDE HAT IHREN DRINK

Anlässe, etwas zu trinken, gibt es rund um die Uhr. Beginnend mit einem Flip am frühen Morgen bis zum Zombie zum Abschluß einer langen Nacht, finden Sie hier für jede Stunde den passenden Drink:

Am Morgen:
leichte Champagner-Drinks, Flips (siehe Register), alkoholfreie Mixgetränke (ab Seite 154).
Sherry Flip (Seite 44), Porto Flip (Seite 48), Pussy Foot (Seite 156), Bloody Mary (Seite 84).

Zum zweiten Frühstück:
Flips, leichte Champagner-Drinks, leichte Aperitifs (siehe Register).
Orangen Flip (Seite 148), Aperol Royal (Seite 39), Champagner-Cocktail (Seite 62), Americano (Seite 56), Portofino (Seite 63), Southern Trip (Seite 125).

Vor dem Mittagessen:
leichte Champagner-Drinks, Aperitifs (siehe Register).
Aperol Royal (Seite 39), Italian Gipsy (Seite 40), Americano (Seite 56), Champagner Cocktail (Seite 62), Gimlet (Seite 81), Adonis (Seite 45).

Am Nachmittag/zur Cocktail Hour:
Florida (Seite 39), Aperol Royal (Seite 39), Spanish Milkmaid (Seite 45), Daiquiri (Seite 65), Whisky Sour (Seite 96) White Lady (Seite 78), Side Car (Seite 74), Americano (Seite 56), Paradiso (Seite 51), Siesta (Seite 48), Porto Flip (Seite 48), Sherry Flip (Seite 44), Champagner-Cocktail (Seite 62), Prince of Wales (Seite 60), Max Joseph (Seite 61), Brandy Alexander (Seite 72), Martini Dry Cocktail (Seite 79), Manhattan (Seite 105).

Vor dem Abendessen:
Champagner-Drinks, Aperitifs, klassische Cocktails (siehe Register).
Florida (Seite 39), Aperol Royal (Seite 39), Italian Gipsy (Seite 40), Gimlet (Seite 81), Andalusia Cooler (Seite 43), Adonis (Seite 45), Champagner-Cocktail (Seite 62), Max Joseph (Seite 61), Martini Dry Cocktail (Seite 79), Manhattan (Seite 105), Rob Roy (Seite 90), Southern Trip (Seite 125).

Nach dem Abendessen:
klassische, süße und cremige Cocktails (siehe Register).
Brandy Alexander (Seite 72), White Russian (Seite 86), Irish Coffee (Seite 101), Rusty Nail (Seite 128), Golden Dream (Seite 132), Grasshopper (Seite 146), Cherry Banana (Seite 147).

Zum Einstieg in die Nacht:
Champagner-Drinks, Medium Cocktails, leichte Longdrinks (siehe Register).
Prince of Wales (Seite 60), Max Joseph (Seite 61), Sternstunde (Seite 60), Daiquiri (Seite 65), Side Car (Seite 74), White Lady (Seite 78), Whisky Sour (Seite 96), Old Fashioned (Seite 96), Margarita (Seite 114), Gin mit Tonic (ohne Rezept), Wodka mit Lemonsoda (ohne Rezept), Cuba Libre (Seite 66), Galliano Tonic (Seite 130), Harvey Wallbanger (Seite 133), Jungle Juice (Seite 147).

Während der Nacht:
je nach Dauer ist alles erlaubt, beginnend mit leichteren Drinks, übergehend zu alkoholstarken Mixdrinks.
Yellow Star (Seite 52), Red Kiss (Seite 61), Tom Collins (Seite 77), Gin mit Tonic (ohne Rezept), Wodka mit Lemonsoda (ohne Rezept), Caipirinha (Seite 119), Caipirovka (Seite 87), Mai Tai (Seite 69), Pina Colada (Seite 69), Planter's Punch (Seite 66), Strawberry Colada (Seite 68), Singapore Sling (Seite 79), Florida Comfort (Seite 125), Golden Colada (Seite 133), Yellow Bird (Seite 132), Cocoskiss (Seite 143), Zorro (Seite 117), Moscow Mule (Seite 87).

Zum Abschluß:
kräftige Longdrinks oder als Krönung einen Zombie (Seite 68).

GETRÄNKESPRACHE VON A – Z

Die Abkürzungen bedeuten: (e) englisch; (f) französisch; (i) italienisch; (sp) spanisch.

After-Dinner-Drink (e)
In den USA gebräuchliche Bezeichnung für Getränke nach dem Essen. In Frankreich Digestif.

Age Inconnu (f)
Auf Spirituosenetiketten (vorwiegend bei Calvados) für »Alter unbekannt«. Weist auf eine mindestens sechsjährige Faßlagerung für das jüngste Destillat hin.

Amaro (i)
Bitter. Bezeichnung für Bitterspirituosen.

Ans (f)
Jahre bei Altersangabe auf Spirituosenetiketten.

Aperitif (f)
Von lateinisch aperire = öffnen. Sammelbegriff für Getränke, die vor den Mahlzeiten zur Anregung des Appetits getrunken werden.

Before-Dinner-Drink (e)
In den USA gebräuchliche Bezeichnung für Aperitif.

Brut (f)
Herb, naturherb. Bei Champagner eine Dosage (siehe dort) mit 0–15 g/l Restzucker.

Copita (sp)
Ein kleines, tulpenförmiges Glas, speziell für Sherry.

Cuvée (f)
Faßmischung. Champagner zum Beispiel besteht fast immer aus einer Mischung von Weinen verschiedener Lagen und Jahrgänge.

Dash (e)
In vielen Drinkbüchern Rezeptangabe für einen Spritzer Flüssigkeit.

Dekantieren
Vorsichtiges Umgießen einer Flüssigkeit in eine Karaffe, um den Wein vom Depot zu trennen.

Demi-Sec (f)
Halbtrocken. Bei Champagner eine Dosage (siehe dort) mit 33–50 g/l Restzucker.

Digestif (f)
Verdauungsgetränk. Bezeichnung für alkoholische Getränke, die nach dem Essen gereicht werden. In den USA After-Dinner-Drink.

Dosage (f)
Eine Mischung aus alten Champagnerweinen und Rohrzucker. Die genaue Zusammensetzung ist ein Geheimnis jedes Champagner-Hauses. Mit der Dosage wird der beim Enthefen entstandene Flüssigkeitsverlust in der Flasche ausgeglichen. Die Zusammensetzung und Menge der Dosage bestimmt die Geschmacksrichtung des Champagners.

Extra Dry (e)
Sehr trocken. Bei Champagner eine Dosage (siehe dort) mit 12–20 g/l Restzucker.

Fino (sp)
Die Bezeichnung für die trockenste Sherry-Sorte.

Glen (e)
Bergschlucht-Tal. Namensbestandteil vieler schottischer Malt-Whisky-Marken.

Hors d'Age (f)
Hinweis bei französischen Spirituosen auf die höchste gesetzlich kontrollierte Alterungsklasse.

Napoléon (f)
Siehe Hors d'Age.

Oloroso (sp)
Trockener bis leicht süßer, dunkelgoldener Sherry.

On the rocks (e)
Pur auf Eiswürfeln serviert, ohne sonstige Zugabe.

Ounce (e)
Unze. Abkürzung oz. US-amerikanische und englische Maßeinheit (etwa 3 cl).

Pays d'Auge (f)
Pays = Land. Aus dem Gebiet um Auge stammen die besten Calvados-Qualitäten. oftmals Hinweis auf dem Etikett.

Sec (f)
Trocken. Bei Champagner eine Dosage (siehe dort) mit 17–35 g/l Restzucker.

Strainer (e)
Barsieb. Mit ihm hält man das Eis beim Abseihen im Shaker oder Barglas zurück.

Triple Sec (f)
Dreifach trocken. Meist auf Etiketten von Orangenlikören und Curaçao.

Tumbler (e)
Bezeichnung für schwere, stiellose, halbhohe Gläser. Verwendung für Getränke »On the rocks«.

Vecchia (i)
Von vecchio = alt. Bei Spirituosenetiketten Hinweis auf lange Faßlagerung.

Vénérable (f)
Ehrwürdig. Oft auf Calvados-Etiketten zu finden. Hinweis auf lange Faßlagerung.

Vieux, Vieil, Vieille (f)
Alt. Häufig zu finden auf Etiketten von Cognac, Armagnac und Calvados. Weist auf die höchste gesetzlich kontrollierte Alterungsklasse hin.

Vintage (e)
Jahrgangsgewächs, hauptsächlich bei Portwein und Champagner zur Jahrgangsangabe verwendet.

V.S.O.P (e)
Bezeichnung für Cognac, Armagnac und Calvados mit mindestens vierjähriger Lagerzeit.
V. – Very
S. – Superior
O. – Old
P. – Produkt

X.O. (e)
Hinweis bei französischen Spirituosen auf die höchste gesetzlich kontrollierte Alterungsklasse.
X. – Extra
O. – Old.

SNACKS

Wenn Sie Ihre Freunde zu einer beschwingten Happy Hour mit diversen Mixdrinks einladen wollen, sollten Sie auch die schwips-dämmende kulinarische Unterlage nicht vergessen. Deshalb finden Sie auf diesen Seiten Rezepte für Snacks und andere Kleinigkeiten.

Avocadobrötchen mit Lachs

Zutaten für etwa 20 Brötchen:
5 Scheiben Weißbrottoast
30 g weiche Butter
2 Zwiebeln
1 reife Avocado
100 g Doppelrahm-Frischkäse
1 Eßl. grüner Pfeffer
2 Eßl. Zitronensaft
Salz
weißer Pfeffer, frisch gemahlen
1 Eßl. trockener Wermut
75 g geräucherter Lachs in Scheiben
1 Bund Dill

1. Das Weißbrot toasten, abkühlen lassen. Dann dünn mit der Butter bestreichen und zweimal diagonal in kleine Dreiecke teilen.
2. Die Zwiebeln ganz fein würfeln. Die Avocados halbieren, das Fruchtfleisch auslösen. Mit dem Frischkäse, dem grünen Pfeffer, dem Zitronensaft, Salz, Pfeffer, dem Wermut und den zerkleinerten Zwiebeln mit dem Pürierstab cremig pürieren.
3. Die Creme in einen Spritzbeutel mit großer Sterntülle füllen und auf die Dreiecke spritzen. Jedes Brötchen mit etwas Lachs und Dill garnieren.

Gyrosdreiecke mit Gorgonzolacreme

Zutaten für 8 Dreiecke:
1 Eßl. Olivenöl
250 g Gyrosfleisch (roh)
Salz
schwarzer Pfeffer, frisch gemahlen
4 Scheiben Vollkorntoast
200 g Gorgonzola
1 Eßl. Crème fraîche
2 Eßl. Calvados
8 Blättchen Basilikum

1. Das Öl bei stark erhitzen. Das Fleisch unter Wenden darin knapp garen (Garprobe). Salzen und pfeffern.
2. Das Toastbrot toasten. Den Backofen auf 250° vorheizen. Den Gorgonzola mit Crème fraîche und dem Calvados cremig rühren.
3. Das Fleisch auf dem Toastbrot verteilen. Die Gorgonzolacreme darauf streichen und die Toasts im Backofen (oben) in etwa 5 Minuten goldbraun überbacken. (Oder auf der mittleren Schiene übergrillen.) Zum Schluß diagonal in Dreiecke teilen. Jedes Dreieck mit einem Basilikumblatt garnieren.

Weißbrottaler mit Knoblauchcreme und Riesengarnelen

Zutaten für etwa 16 Taler:
75 g Butter
8 Riesengarnelenschwänze (roh)
16 Scheiben schräg geschnittenes Baguette
200 g Frischkäse
150 g Crème fraîche
2 Eßl. trockener Wermut
Salz · Zitronenpfeffer
1 Knoblauchzehe
1 Bund Schnittlauch

1. *Etwa 50 g Butter erhitzen. Die Garnelen darin von jeder Seite 3 Minuten braten, abkühlen lassen, dann aus den Schalen brechen und längs halbieren.*
2. *Die Baguettescheiben in der restlichen Butter goldbraun braten (eventuell noch etwas Butter zugeben) und abkühlen lassen.*
3. *Den Frischkäse mit der Crème fraîche, dem Wermut, Salz, Zitronenpfeffer und dem durchgepreßten Knoblauch cremig rühren. Den Schnittlauch in Röllchen schneiden.*
4. *Die Creme in einen Spritzbeutel mit großer Sterntülle füllen und Rosetten auf die Taler spritzen. Mit dem Schnittlauch bestreuen und mit den Garnelen belegen.*

Spanische Anchovis-Knoblauch-Croûtons

Zutaten für 16 Croûtons:
8 Eßl. Olivenöl
6 Knoblauchzehen
16 Scheiben Baguette
2 hartgekochte Eier · 2 Tomaten
10–12 Anchovisfilets (Sardellenfilets)
2 Teel. Zitronensaft · Salz
schwarzer Pfeffer, frisch gemahlen
2 Eßl. Schnittlauchröllchen
3 Tomaten in Spalten

1. *Das Öl erhitzen. 4 Knoblauchzehen ins Öl pressen. Die Brotscheiben beidseitig goldbraun braten, abtropfen lassen.*
2. *Die Eier schälen. Die Tomaten überbrühen, häuten, vierteln und entkernen. Die Anchovisfilets kalt abspülen. Die Zutaten und die restlichen Knoblauchzehen sehr fein hacken. Mit dem Zitronensaft, Salz und Pfeffer würzen. Das Püree auf die Croûtons streichen. Mit dem Schnittlauch und den Tomatenspalten garnieren.*

Datteln mit Käsecreme

Zutaten für 16 Stück:
16 frische Datteln
100 g Gorgonzola oder anderer Edelpilzkäse
100 g Doppelrahm-Frischkäse
2 Eßl. gehackte Pistazien
weißer Pfeffer, frisch gemahlen
1 Eßl. Sahne (oder Sherry)

1. Die Datteln längs aufschneiden und entkernen. Den Gorgonzola und den Frischkäse pürieren. 1 Eßlöffel Pistazien grob hacken. Dann mit Pfeffer und der Sahne unter die Käsecreme rühren.
2. Die Creme in einen Spritzbeutel mit großer Sterntülle füllen und in die Datteln spritzen. Die restlichen Pistazien obenauf streuen.

Papayahappen

Zutaten für etwa 15 Happen:
1 reife Papaya
2 Teel. Zitronensaft
50 g hauchdünn geschnittener Parmaschinken
schwarzer Pfeffer, grob gemahlen
etwa 25 Blättchen Zitronenmelisse

1. Die Papaya halbieren und entkernen. Jede Hälfte schälen und in etwa 7 Schiffchen schneiden. Mit dem Zitronensaft beträufeln.
2. Den Parmaschinken in längliche, etwa 3 cm breite Streifen schneiden und um die Papayaschiffchen wickeln. Die Schiffchen auf eine Platte legen, mit Pfeffer bestreuen und mit je einem Melisseblättchen belegen.

Baltische Speckkuchen

Zutaten für etwa 36 Stück:
450 g Blätterteig (6 Platten)
450 g durchwachsener Speck
2 mittelgroße Zwiebeln
100 g Sultaninen (ungeschwefelt)
schwarzer Pfeffer, frisch gemahlen
50 g Pinienkerne
2 Eier
1 Eßl. Sahne oder Milch

1. Die Blätterteigplatten auftauen lassen und etwa 20 x 25 cm groß ausrollen. Aus jeder Platte etwa 6 Kreise ausstechen.
2. Den Speck und die Zwiebeln klein würfeln, mit Sultaninen und Pfeffer vermischen. Die Pinienkerne in einer Pfanne ohne Fett goldbraun rösten, zur Speckmischung geben. Jeweils einen gehäuften Teelöffel der Füllung auf die Teigkreise setzen. Den Backofen auf 200° vorheizen.
3. Die Eier trennen. Den Rand der Teigkreise zur Hälfte mit Eiweiß bestreichen, dann zu Halbmonden zusammendrücken. Die Eigelbe mit der Sahne verquirlen und die Speckkuchen damit bestreichen.
4. Ein Backblech mit kaltem Wasser abspülen. Die Speckkuchen darauf setzen und im Backofen (Mitte) etwa 15 Minuten backen.

Buntes Stangengebäck

Zutaten für 65 Stangen:
450 g Blätterteig (6 Platten, tiefgekühlt)
2 Eigelb
etwa 1 Eßl. Sahne oder Milch
Salz · Paprikapulver, edelsüß
50 g frisch geriebener Emmentaler
1–2 Eßl. Kümmelkörner
2 Eßl. Koriandersamen

1. *Die aufgetauten Blätterteigplatten längs in etwa 1,5 cm breite Streifen schneiden. Den Backofen auf 200° vorheizen. Ein Backblech mit kaltem Wasser abspülen.*
2. *Die Eigelbe und die Sahne verqirlen. Die Blätterteigstreifen damit bestreichen und dann schraubenartig verdrehen. Die Stangen auf das Backblech legen und mit etwas Salz bestreuen. Auf das erste Drittel der Stangen zusätzlich Paprikapulver und den Käse, auf das zweite Drittel den Kümmel und auf das letzte Drittel die Koriandersamen streuen.*
3. *Die Stangen im Backofen (Mitte) in 12–15 Minuten knusprig backen.*

Ananas und Pflaumen im Speckmantel

Zutaten für je 20 Stück:
1 kleine Ananas (etwa 700 g)
20 große Scheiben Frühstücksspeck (300 g)
4 Eßl. Tomatenketchup
20 getrocknete Pflaumen ohne Stein
1 Eßl. Öl

1. *Die Ananas schälen und in etwa 2 cm dicke Scheiben schneiden. Den holzigen Strunk herausstechen. Jede Scheibe in 6 Stücke teilen. Die Speckstreifen quer halbieren und die Hälfte davon mit 2 Eßlöffeln Ketchup einpinseln. Die Ananasstücke mit je einem Streifen Speck umwickeln, mit Zahnstochern fixieren und mit dem restlichen Ketchup bepinseln. Den Backofen auf 250° vorheizen.*
2. *Die Pflaumen mit den restlichen Speckstreifen umwickeln, den Speck ebenfalls mit Zahnstochern fixieren.*
3. *Ein Backblech mit dem Öl beträufeln. Die Speckröllchen darauf verteilen und im Backofen (Mitte) etwa 15 Minuten braten.*

APEROL

Aperol, der klassische italienische Aperitif, kommt aus der norditalienischen Stadt Padua, in der die Tradition der Spirituosenherstellung bis weit in das vorige Jahrhundert zurückreicht. 1880 gründete Giuseppe Barbieri in Padua eine Likörfirma, die seinen Namen trug. In den darauffolgenden Jahren entwickelte sie sich zu einem der fortschrittlichsten Unternehmen ihrer Zeit. 1919 fand in Padua eine internationale Mustermesse statt. Zu dieser Gelegenheit stellten die Söhne des Firmengründers ein neues Produkt mit dem effektvollen Namen Aperol vor. Dieser orangerote Aperitif, hergestellt aus Rhabarber, Chinarinde, Enzian, Bitterorangen, aromatischen Kräutern und Alkohol war in jeder Hinsicht eine neuartige Kreation. Im Widerspruch zu den damaligen Trinkgewohnheiten war Aperol – und ist es bis heute – ein Produkt mit niedrigem Alkoholgehalt. Mit 11% vol, einer intensiv leuchtenden Farbe und seinem harmonischen bitter-süßen Geschmack eroberte Aperol sehr bald das italienische Publikum. Aperol wird vorzugsweise pur, auf Eis oder mit Soda getrunken, ist aber auch eine beliebte Grundlage für zahlreiche Mixgetränke. Denn die Geschmackskomponenten – von bitter bis süß – harmonieren mit vielen Zutaten wie Orangen- oder Grapefruitsaft, Soda- und Tonicwater und einer Reihe von Spirituosen ganz hervorragend.

Florida

Florida – herb, prickelnd und appetitanregend. Ein besonderer Drink für heiße Nachmittage.

Zutaten für 1 Drink:
4 cl Aperol
4 cl Grapefruitsaft
Tonic Water

Zum Garnieren:
1 Zitronenscheibe (Schale unbehandelt)

Was Sie sonst noch brauchen:
Eiswürfel, 1 Longdrinkglas, Stirer

1. Einige Eiswürfel in das Longdrinkglas geben. Den Aperol und den Grapefruitsaft dazugießen.
2. Das Glas mit Tonic Water auffüllen und alles leicht umrühren.
3. Die Zitronenscheibe an den Glasrand stecken und einen Stirer in den Drink geben.

Aperol Royal

Aperol Royal, ein »königlicher« Drink – aber einfach zu mixen. Schmeckt zu allen Gelegenheiten.

Zutaten für 1 Drink:
4 cl Aperol
eiskalter Champagner

Zum Garnieren:
½ Orangenscheibe (Schale unbehandelt)

Was Sie sonst noch brauchen:
1 Champagnertulpe oder -kelch, Eiswürfel

1. Ins Glas zwei Eiswürfel geben, dann den Aperol dazugießen.
2. Das Glas mit Champagner auffüllen.
3. Die halbe Orangenscheibe in den Drink geben.

Italian Gipsy

Zutaten für 1 Drink:
4 cl Aperol
4 cl Orangen- oder Grapefruitsaft
eiskalter, trockener Champagner

Zum Garnieren:
1 Erdbeere

Was Sie sonst noch brauchen:
Eiswürfel, 1 Stielglas oder 1 Champagnerkelch

***1.** Zwei Eiswürfel ins Glas geben. Den Aperol und den Saft darübergießen.*
***2.** Das Glas mit Champagner auffüllen und alles leicht umrühren.*
***3.** Die Erdbeere an den Glasrand stecken.*

Aperol Sour

Zutaten für 1 Drink:
4–6 cl Aperol
2 cl Zitronensaft
1 cl Zuckersirup
Sodawasser

Zum Garnieren:
½ Orangenscheibe (Schale unbehandelt),
1 Cocktailkirsche

Was Sie sonst noch brauchen:
Eiswürfel, Shaker, Barsieb, 1 Highballglas oder 1 Longdrinkglas, Cocktailspieß

***1.** Eiswürfel, den Aperol, den Zitronensaft und den Zuckersirup in den Shaker geben.*
***2.** Alles kräftig schütteln und durch das Barsieb ins Glas auf weitere Eiswürfel abgießen. Mit etwas Sodawasser auffüllen.*
***3.** Die halbe Orangenscheibe und die Cocktailkirsche aufspießen und den Cocktailspieß über den Glasrand legen.*

Italian Gipsy – ein leichter Aperitf, fruchtig-bitter und prickelnd.

Aperol Sour – ein mit Sodawasser aufgefüllter Sour, der Sie begeistern wird.

SHERRY

Der schon im Mittelalter geschätzte Sherry ist einer der berühmtesten Weine der Welt. Seine Heimat ist ein eng umgrenztes Anbaugebiet in Andalusien/Spanien um die Stadt Jerez de la Frontera in der Provinz Cadiz. Die Engländer entdeckten den Sherry vor gut 400 Jahren und verhalfen ihm zu seinem weltweiten Erfolg. Die wichtigsten Bedingungen für gute Sherries sind kalkhaltige Böden, bestimmte Traubensorten (Palomino, Pedro Ximenez) und das sonnige Klima. Aber auch das aufwendige System der Herstellung, welches über die jeweilige Geschmacksrichtung entscheidet, ist von ausschlaggebender Bedeutung. Wichtige Besonderheiten bei der Herstellung sind die Verstärkung mit Alkohol und die Reifung im sogenannten Solera-System. Bei dieser Art der Alterung liegen bis zu fünf Faßreihen übereinander, und jedes Jahr wird Wein aus der unteren Faßreihe abgefüllt. Die entnommene Menge wird aus den darüberliegenden Faßreihen ersetzt. Dieser Vorgang gewährleistet die stets gleichbleibende Qualität des jeweiligen Sherrytyps. Man unterscheidet beim Sherry den trockenen herben Fino (oft auch als Dry, Very Dry oder Very Pale Dry angeboten), den milden, halbtrockenen Amontillado (oft als Medium oder Medium Dry etikettiert), den trockenen bis leicht süßen, würzigen Oloroso und den Cream Sherry, die süße Variante des Oloroso. Großen Anteil am heutigen Ruf des Sherry hat das weltbekannte Haus Domecq. Bereits 1816 übernahm der erste Domecq eine Kellerei, die damals schon 100 Jahre alt war. Heute ist Domecq größter Sherry-Hersteller und bietet alle Geschmacksrichtungen. Flaggschiff bei den Sherry-Marken von Domecq ist der trockene, aromatische »La Ina«, der auf der ganzen Welt als Edel-Aperitif bekannt ist. Mit »Rio Viejo« wird ein trockener, schwerer, mit »Primero« ein heller, körperreicher und mit »Celebration Cream« ein süßer, schwerer Sherry angeboten.
Nach der Faustregel – je trockener, desto kälter – paßt Sherry zu allen Gelegenheiten und läßt sich auch beim Mixen für alle Arten von Drinks verwenden.

Andalusia Cooler

Zutaten für 1 Drink:
5 cl Cream Sherry
2 cl Bols Cherry Brandy
5 cl Orangensaft
1 cl Zitronensaft
Bitter Lemon

Zum Garnieren:
1 Orangenscheibe (Schale unbehandelt) und
1 Cocktailkirsche

Was Sie sonst noch brauchen:
Eiswürfel, Shaker, Barsieb, 1 Longdrinkglas, Cocktailspieß, 2 Trinkhalme

1. Eiswürfel und alle Zutaten außer Bitter Lemon in den Shaker geben. Alles kräftig schütteln und durch das Barsieb in das Longdrinkglas auf weitere Eiswürfel abseihen.
2. Das Glas mit Bitter Lemon auffüllen und alles leicht umrühren.
3. Die Orangenscheibe an den Glasrand stecken und mit dem Cocktailspieß die Kirsche daranstecken. Die Trinkhalme ins Glas geben.

In der heißen spanischen Heimat des Sherry bedeutet Andalusia Cooler ein kühles Intermezzo. Übrigens: Wenn Sie's weniger süß mögen, nehmen Sie einfach trockenen Sherry.

Sherry Flip

Zutaten für 1 Drink:
4 cl Medium Sherry
1 cl Cognac
1 cl Zuckersirup
2 cl Sahne
1 Eigelb

Zum Garnieren:
Muskatnuß, frisch gerieben

Was Sie sonst noch brauchen:
Eiswürfel, Shaker, Barsieb, 1 mittelgroßes Stielglas oder 1 Champagnertulpe

1. Eiswürfel und alle Zutaten in den Shaker geben. Alles kurz und kräftig schütteln und durch das Barsieb ins Glas abseihen.
2. Den Drink mit etwas Muskat bestreuen.

Sherry Flip können Sie – je nach Sherry-Typ – von herb bis sehr süß zubereiten. Er zählt unter den Flips zu den großen Klassikern.

In the Sack

Zutaten für 1 Drink:
4 cl Cream Sherry
6 cl Aprikosennektar
6 cl Orangensaft
2 cl Zitronensaft

Zum Garnieren:
1 Orangenscheibe (Schale unbehandelt)

Was Sie sonst noch brauchen:
Eiswürfel, Shaker, Barsieb, 1 Longdrinkglas, Trinkhalme

1. Eiswürfel und alle Zutaten in den Shaker geben. Alles kräftig schütteln und durch das Barsieb in das Longdrinkglas auf weitere Eiswürfel abseihen.
2. Die Orangenscheibe an den Glasrand stecken und die Trinkhalme ins Glas geben.

»In den Sack« kommen alle, die nicht glauben wollen, daß dieser Drink vom Feinsten ist.

Adonis

Zutaten für 1 Drink:
4 cl Fino Sherry
2 cl Vermouth Rosso
2 Spritzer Orangen-Bitter

Zum Garnieren:
Zitronenschale (unbehandelt)

Was Sie sonst noch brauchen:
Eiswürfel, Rührglas, Barlöffel, Barsieb, 1 Cocktailschale oder -glas

***1.** Eiswürfel und alle Zutaten in das Rührglas geben. Alles mit dem Barlöffel gut umrühren und durch das Barsieb in die Cocktailschale abseihen.*
***2.** Die Zitronenschale über dem Drink »auswringen«, damit die ätherischen Öle ins Glas tropfen. Die Schale zum Schluß dazugeben.*

Je mehr »Adonis« man trinkt, desto ähnlicher wird man diesem frühen Schönheitsideal – auch Barmixer lügen.

Spanish Milkmaid

Zutaten für 1 Drink:
4 cl Cream Sherry
4 cl Orangensaft
1 cl Cognac
4 cl Sahne

Zum Garnieren:
gehackte Pistazien

Was Sie sonst noch brauchen:
Eiswürfel, Shaker, Barsieb, 1 Cocktailschale

***1.** Eiswürfel und alle Zutaten in den Shaker geben. Alles kräftig schütteln und durch das Barsieb in die Schale abseihen.*
***2.** Den Drink mit gehackten Pistazien bestreuen.*

Spanish Milkmaid – eine sherry-cremige Komposition für den späten Nachmittag.

PORTWEIN

Port, einst der Wein der Könige und vornehmen englischen Clubs, hat sich heute auch bei uns einen festen Platz erobert. Das Jahr 1680 ist einer der Meilensteine in der Geschichte des Ports. Um diese Zeit verstärkten erstmals englische Weinkaufleute den Portwein mit Weindestillat, um ihn für die Verschiffung von Portugal nach England haltbarer zu machen. Man ahnte jedoch nicht, daß die Zugabe von Alkohol den Wein in der Entwicklung hemmte und man dadurch eine völlig andere Art von Wein erhielt. Diese neuentdeckte Methode wurde später verfeinert, grundlegend jedoch hat sich bis heute nichts daran geändert.
Portwein stammt ausschließlich aus der Alto-Douro-Region am Oberlauf des Douro-Flusses in Portugal. Er unterscheidet sich in vielem von den übrigen in Portugal angebauten Weinen. Etwa 20 verschiedene Rebsorten liefern den Wein. Die Gärung des Mosts wird nach bestimmter Zeit durch die Zugabe von Weindestillat unterbrochen. Dabei wird auch der Alkoholgehalt auf etwa 20% Vol. erhöht. Im Frühjahr wird der Wein in große Fässer umgefüllt und in die etwa 100 km entfernte Hafenstadt Vila Nova de Gaia gebracht. Hier, gegenüber der namengebenden Stadt Porto, beginnt nun in riesigen Lagerhallen die lange Zeit der Lagerung und Reife.
Portwein kann rot oder weiß sein. Dunkles Rot ist im allgemeinen typisch für einen jungen Wein. Durch jahrelange Lagerung im Eichenholzfaß wird roter Port immer eine Nuance heller, weißer dagegen immer etwas volltöniger, so daß sie sich im Alter ähneln. Die großen Portwein-Häuser bringen ihre bekanntesten Marken mit unterschiedlichen Bezeichnungen auf den Markt. Am gebräuchlichsten sind Tawny, Ruby, White und Vintage.
Großen Anteil an der Geschichte des Port hat das Haus Ferreira. Es wurde 1751 gegründet und ist eines der wenigen alten, noch bestehenden Familienunternehmen. Internationale Bedeutung gewann das Haus, als die berühmte Witwe Dona Antonia Adélaïde Ferreira (1811-1896) die Führung des Unternehmens übernahm. Die Firma zählt heute zu den größten und bekanntesten Portweinexporteuren.

Port in a Storm

Zutaten für 1 Drink:
5 cl roter (Tawny) Portwein
2 cl Cognac
12 cl leichter Rotwein

Zum Garnieren:
je 1/2 Orangen- und Zitronenscheibe
(Schalen unbehandelt)

Was Sie sonst noch brauchen:
Eiswürfel, 1 Longdrinkglas, Barlöffel

1. Einige Eiswürfel, den Portwein und den Cognac in das Longdrinkglas geben.
2. Mit dem Rotwein auffüllen und mit dem Barlöffel gut umrühren.
3. Die halbe Orangen- und Zitronenscheibe ins Glas geben.

Port in a Storm – draußen Sturm, drinnen Kaminfeuer und dieser Drink. So kann man's aushalten.

FERREIRA
Est. 1751
PORT
A.A. FERREIRA, SUCESSORES PORTO
SUPERIOR TAWNY
PRODUCED AND BOTTLED IN PORTUGAL

Porto Flip

Zutaten für 1 Drink:
4 cl roter (Tawny) Portwein
1 cl Cognac
1 cl Zuckersirup
2 cl Sahne
1 Eigelb

Zum Garnieren:
Muskatnuß, frisch gerieben

Was Sie sonst noch brauchen:
Eiswürfel, Shaker, Barsieb, 1 mittelgroßes Stielglas oder 1 Champagnertulpe

1. *Einige Eiswürfel und alle Zutaten in den Shaker geben. Das Ganze kurz und kräftig schütteln und durch das Barsieb ins Glas abgießen.*
2. *Den Drink mit etwas Muskat bestreuen.*

Siesta

Zutaten für 1 Drink:
4 cl roter (Tawny) Portwein
1 cl Cognac
1 cl Cointreau
1 cl Grenadinesirup
6 cl Orangensaft
einige Tropfen Zitronensaft

Zum Garnieren:
1 Orange (Schale unbehandelt)

Was Sie sonst noch brauchen:
Eiswürfel, 1 Old-Fashioned-Glas, Shaker, Barsieb, 2 kurze Trinkhalme

1. *Von der Orange ein längeres Stück Schale spiralförmig und dünn abschneiden.*
2. *Einige Eiswürfel und die Orangenspirale in das Old-Fashioned-Glas geben.*
3. *Weitere Eiswürfel und alle Zutaten in den Shaker geben. Das Ganze kräftig schütteln und durch das Barsieb ins vorbereitete Glas abgießen.*
4. *Die zwei kurzen Trinkhalme dazugeben.*

Ein Klassiker unter den Flips. Weich und samtig eignet sich der Porto Flip bestens zum zweiten Frühstück und zum Five o'clock Tea.

Planen Sie öfters mal eine Siesta ein – und regenerieren Sie sich mit einem Glas dieses köstlichen Drinks.

PERNOD

Es gibt kaum Spirituosen mit einer so alten Tradition wie die Anisgetränke. Bereits 1500 v. Chr. waren sie den alten Ägyptern bekannt und wurden als Heilmittel verwendet. Die Geschichte des Pernod beginnt mit dessen Vorläufern schon Ende des 18. Jahrhunderts in Paris. Damals soll in den Spitälern den Kranken eine Essenz als Heil- und Stärkungsmittel verabreicht worden sein, die wohl Vorläufer des späteren Anisgeistes Absinth gewesen ist. Der französische Arzt Dr. Ordinaire mußte während der Revolution 1789 seine Heimat verlassen und ging in die Schweiz nach Couvet. In der Emigration braute er das erste Absinth-Elixier. Das Rezept vererbte er einige Jahre später seiner Haushälterin, die es wiederum an einen Besucher und dessen Schwiegersohn verkaufte. Besagter Schwiegersohn war Henry Louis Pernod, und dieser eröffnete bereits um die folgende Jahrhundertwende die erste Absinth-Destillerie.
Standort war Couvet, doch bereits einige Jahre später entstand eine weitere Anlage, 20 km entfernt, auf französischem Gebiet. Dies war der Anfang des Pernod, der damals noch Absinth hieß, einer erfolgreichen und heute weltweit vertretenen Spirituose. Auch Rückschläge wie das Absinth-Verbot 1915 konnten den Siegeszug dieses Anisgetränks nicht aufhalten. Zu dem Verbot war es gekommen, weil der schädliche Bestandteil Thujon bei exzessivem Alkoholgenuß zu Funktionsstörungen des Gehirns führte. Thujon stammte jedoch nicht vom Anis, sondern aus den Stielen des mitverwendeten Wermutkrauts. Heute enthält kein Anisgetränk mehr diesen gesundheitsgefährdenden Stoff.
Bei der Anisspirituose Pernod, die seit 1938 unter der Firmenbezeichnung vermarktet wird, handelt es sich um ein Produkt auf rein pflanzlicher Basis. Hauptbestandteil ist ein Extrakt, der aus einer Kräuteressenz und einem Destillat aus Sternanis gemischt wird.
Man trinkt Pernod mit eiskaltem Wasser im Mischungsverhältnis 1:5, jedoch auch mit Orangensaft, Bitter Lemon oder Cola. Sie können aber mit Pernod auch sehr aparte Drinks mixen.

Pernod Blanc

Pernod Blanc – der passende Drink zum zweiten Frühstück. Bekämpft außerdem wirkungsvoll den Kater von der letzten Nacht.

Zutaten für 1 Drink:
5 cl Pernod
5 cl Sahne
2 cl Orgeat (Mandelsirup)
4 cl Orangensaft

Zum Garnieren:
Schokoraspel

Was Sie sonst noch brauchen:
Eiswürfel, Shaker, Barsieb,
1 Old-Fashioned-Glas

1. Eiswürfel und alle Zutaten in den Shaker geben. Alles kräftig schütteln und durch das Barsieb in das Old-Fashioned-Glas auf weitere Eiswürfel abseihen.
2. Den Drink mit Schokoladenraspeln bestreuen.

Tomate

Tomate – ein Klassiker, ganz einfach zu mixen. Er sollte unbedingt eiskalt serviert werden.

Zutaten für 1 Drink:
4 cl Pernod
1 cl Grenadinesirup
kaltes Wasser

Was Sie sonst noch brauchen:
Eiswürfel, 1 Pernod- oder 1 mittelgroßes Longdrinkglas

1. Einige Eiswürfel, den Pernod und den Grenadinesirup ins Glas geben.
2. Mit kaltem Wasser auffüllen und den Drink gut umrühren.

Alligator

Zutaten für 1 Drink:
2 cl Pernod
2 cl Bols Blue Curaçao
1 Spritzer Angostura
12 cl Maracujanektar

Zum Garnieren:
1 Zitronenviertel, Schälchen mit Zucker,
1 Zitronenscheibe (Schale unbehandelt)

Was Sie sonst noch brauchen:
1 Longdrinkglas, Eiswürfel, Shaker, Barsieb,
2 Trinkhalme

1. Für den Crustarand den Rand des Longdrinkglases in dem Zitronenviertel drehen und in eine mit Zucker gefüllte Schale tupfen.
2. Eiswürfel und alle Zutaten in den Shaker geben. Alles kräftig schütteln und durch das Barsieb in das Longdrinkglas auf weitere Eiswürfel abseihen.
3. Die Zitronenscheibe an den Glasrand stecken und die Trinkhalme ins Glas geben.

Was ist grün, lang und beißt nicht? Der Alligator im Glas. Ein Pernod-Erlebnis der neuen Art.

Yellow Star

Zutaten für 1 Drink:
2 cl Pernod
2 cl Bols Creme de Bananes
2 cl Gin
1 cl Maracujasirup
8 cl Orangensaft

Zum Garnieren:
Bananenscheiben und Cocktailkirschen

Was Sie sonst noch brauchen:
Eiswürfel, Shaker, Barsieb, 1 Longdrinkglas, Cocktailspieß, 2 Trinkhalme

1. *Eiswürfel und alle Zutaten in den Shaker geben. Alles kräftig schütteln und durch das Barsieb in das Longdrinkglas auf weitere Eiswürfel abgießen.*
2. *Den Cocktailspieß mit den Bananenscheiben und den Cocktailkirschen bestecken und über den Glasrand legen. Die Trinkhalme ins Glas geben.*

Yellow Star – dieser Drink hat schon viele Anis-Gegner überzeugt. Pernod ist beim Mixen eben immer wieder für eine Überraschung gut.

CINZANO BITTER

Tropic Bitter

Das weltbekannte Haus Cinzano in Turin wurde 1757 von den Brüdern Carlo und Giovanni Cinzano gegründet. Die Cinzanos lebten seit dem 16. Jahrhundert in der Nähe von Turin, und bereits 1707 erhielten sie das Recht, Wein zu brennen und Liköre herzustellen. Wie andere Familien in dieser Gegend, experimentierten auch die Cinzanos mit verschiedenen Elixieren aus Weinen, Kräutern und Gewürzen, und sie entwickelten daraus ihre spezielle Wermut-Formel. Auf dieser Basis gediehen die Geschäfte der Familie immer besser, und bereits Mitte des 19. Jahrhunderts war Cinzano einer der angesehensten Wermut-Hersteller. Das Turiner Haus bietet auch einen leuchtendroten, herbsüßen Bitter-Aperitif mit 22% Vol. an. Diesen trinkt man pur auf Eis, als Mixdrink mit Soda, Orangensaft, Tonic Water oder Bitter Lemon gemischt. Cinzano Bitter eignet sich hervorragend als Grundlage erfrischender Longdrinks und wird vielfach zum Mixen von leichten Aperitifs verwendet.

Zutaten für 1 Drink:
2 cl Cinzano Bitter
2 cl Gin
2 cl Cointreau
4 cl Orangensaft
Schweppes Bitter Orange oder Tropic Bitter

Zum Garnieren:
Ananasstücke, Cocktailkirschen,
1 Zweig Minze

Was Sie sonst noch brauchen:
Eiswürfel, Shaker, Barsieb, 1 Longdrinkglas oder 1 Fantasyglas, Cocktailspieß, 2 Trinkhalme

1. Einige Eiswürfel und alle Zutaten außer Schweppes in den Shaker geben. Das Ganze kräftig schütteln und durch das Barsieb ins Glas auf weitere Eiswürfel abgießen.
2. Das Glas mit der Schweppes-Limonade nach Geschmack auffüllen und alles leicht umrühren.
3. Die Ananasstücke und die Kirschen auf den Cocktailspieß stecken und diesen über den Glasrand legen. Den Minzezweig und den Trinkhalm in den Drink geben.

Auch Cinzano Bitter mag es tropisch. Sie können den Drink auch direkt im Glas anrichten, dann jedoch viel Eis nehmen und gut umrühren.

CINZANO
ITTER
Francesco Cinzan
& Cia. S.p.A.
Torino
Gegr. 175

Americano

Zutaten für 1 Drink:
3 cl Cinzano Bitter
3 cl Vermouth Rosso
Sodawasser

Zum Garnieren:
1 Stück Orangenschale (unbehandelt)

Was Sie sonst noch brauchen:
1 Longdrinkglas, Eiswürfel, Stirer

1. In das Glas einige Eiswürfel geben.
2. Den Cinzano Bitter und den Vermouth dazugeben und das Glas mit Soda nach Gusto auffüllen. Leicht umrühren.
3. Die Orangenschale über dem Glas »auswringen«, damit die ätherischen Öle ins Glas tropfen. Dann die Schale ins Glas geben.
4. Den Drink mit dem Stirer servieren.

Amarissimo

Zutaten für 1 Drink:
2 cl Cinzano Bitter
1 cl Gin
2 cl Cointreau
6 cl Orangensaft

Zum Garnieren:
1 dicke Kiwischeibe und 1 Cocktailkirsche

Was Sie sonst noch brauchen:
Eiswürfel, Shaker, Barsieb, 1 Cocktailschale, Cocktailspieß

1. Eiswürfel und alle Zutaten in den Shaker geben. Das Ganze kräftig schütteln und durch das Barsieb in die Schale abgießen.
2. Die dicke geschälte Kiwischeibe an den Glasrand hängen und die Cocktailkirsche mit dem Cocktailspieß daran stecken.

Amarissimo

Americano

Rosanna

Zutaten für 1 Drink:
3 cl Cinzano Bitter
1 cl Cointreau
4 cl Orangensaft
eiskalter Champagner

Zum Garnieren:
1 Erdbeere

Was Sie sonst noch brauchen:
Eiswürfel, Shaker, Barsieb, 1 Champagnerkelch

1. Einige Eiswürfel und alle Zutaten außer Champagner in den Shaker geben. Das Ganze kräftig schütteln und durch das Barsieb in das Kelchglas abgießen.
2. Das Glas mit Champagner nach Geschmack auffüllen.
3. Die Erdbeere an den Glasrand stecken.

Cinzano Bitter Orange

Zutaten für 1 Drink:
4 cl Cinzano Bitter
Orangensaft

Zum Garnieren:
1 Orangenscheibe (Schale unbehandelt)

Was Sie sonst noch brauchen:
1 Longdrinkglas, Eiswürfel, Stirer

1. In das Longdrinkglas einige Eiswürfel geben und den Cinzano Bitter dazugießen. Das Glas mit Orangensaft auffüllen und alles gut umrühren.
2. Die Orangenscheibe an den Glasrand stecken und den Stirer ins Glas geben.

Red Lips

Zutaten für 1 Drink:
2 cl Cinzano Bitter
2 cl Gin
2 cl Bols Cherry Brandy
6 cl Orangen- oder Ananassaft

Zum Garnieren:
je 1/2 Orangen- und Zitronenscheibe (Schalen unbehandelt), 2 Cocktailkirschen

Was Sie sonst noch brauchen:
Eiswürfel, Shaker, Barsieb, 1 Old-Fashioned-Glas, Cocktailspieß, 2 kurze Trinkhalme

1. Eiswürfel und alle Zutaten in den Shaker geben. Das Ganze kräftig schütteln und durch das Barsieb in das Old-Fashioned-Glas auf weitere Eiswürfel abgießen.
2. Die halbe Orangen- und Zitronenscheibe ins Glas geben. Die beiden Kirschen auf den Cocktailspieß stecken und mit den Trinkhalmen dazugeben.

Rosanna

Cinzano Bitter Orange

Red Lips

CHAMPAGNER

Der Wein der Champagne hatte schon in frühester Zeit einen guten Ruf. Bereits vor 2000 Jahren wurde in der nordöstlich von Paris gelegenen Champagne Weinbau betrieben. Bis zum 17. Jahrhundert moussierten diese Weine jedoch nicht. Sie waren rot oder weiß und Konkurrenten der Burgunder, die aus denselben Rebsorten gekeltert wurden. Heute dürfen in der Champagne nur drei Rebsorten angebaut werden: die weiße Pinot Chardonnay und die beiden blauen Pinot Noir und Pinot Meunier, die durch ein schnelles Preßverfahren auch hellen Champagner ergeben. Die Herstellung von moussierendem Champagner wurde während der Regierungszeit Ludwigs XIV. (1643-1715) entdeckt und entwickelt.

Die Champagnerherstellung läuft nach streng geregelten Verfahren ab. Der frisch gekelterte Most kommt zur ersten Gärung in die traditionellen Holzfässer oder in moderne Tanks. Nach rund drei Wochen wird der junge Wein umgefüllt und gefiltert. Jetzt beginnt die eigentliche Champagnerherstellung. Sie umfaßt im wesentlichen fünf Schritte: Zuerst wird die Cuvée gemischt, das heißt, verschiedene Weine werden kombiniert, um den typischen Geschmack einer Marke oder eines Champagner-Hauses zu erzielen. Diesem Wein wird nun eine »Fülldosage«, ein Zusatz aus Hefe und in altem Wein gelöstem Rohrzucker beigegeben. Der Wein wird dann zur zweiten Gärung auf Flaschen gefüllt. Nach drei bis vier Wochen ist der Wein hell und klar. Auf den Rückständen, dem Satz, reift nun der Champagner zwei bis drei Jahre. Um diesen Satz entfernen zu können, werden die Flaschen in Rüttelpulte gesteckt. Durch tägliches Rütteln und Höherstellen des Flaschenbodens sammeln sich die Rückstände im Flaschenhals.

Mit einem speziellen Verfahren wird nun der Satz entfernt, dabei geht etwas Wein verloren. Er wird durch die sogenannte Dosage aus Wein derselben Cuvée und etwas altem Champagner, in dem Rohrzucker gelöst ist, ersetzt. Dieser Vorgang bestimmt die Geschmacksrichtung des Champagners. Zum guten Schluß folgt das Verschließen mit Naturkorken und das Etikettieren. Nach einigen Wochen Ruhezeit ist der Champagner fertig zum Versand.
Auch Florens-Louis Heidsieck, ein gebürtiger Westfale, der sich 1777 in Reims als Tuchhändler niederließ, widmete sich bald der Champagnerherstellung. Sein Unternehmen Heidsieck & Co. wurde im Jahre 1785 gegründet. 1805 nahm er seinen Neffen Charles-Camille in die Firma auf, der 1851 das Champagnerhaus Charles Heidsieck gründete. 1985 wurde das Unternehmen von Rémy Associés (Rémy Martin) übernommen. In den weitläufigen Kreidekellereien in Reims reifen rund 15 Millionen Flaschen Champagner.
Die Qualitäten Brut réserve, Brut Millésimé (Jahrgang) und Brut Rosé Millésimé zählen heute zu den ganz großen Marken der Champagne. Seit 1991 wird als Spezialität des Hauses Heidsieck der Blanc des Millénaires (Jahrgang), ein eleganter Blanc des Blancs de Chardonnay angeboten.
Um Champagner zu trinken, braucht es keinen besonderen Anlaß, er paßt sich allen Gelegenheiten an. Champagner ist eben immer die richtige Wahl. Beim Mixen spielt Champagner schon seit der Jahrhundertwende eine bedeutende Rolle. Der große Klassiker »Champagner-Cocktail« gehört bis heute zum Repertoire jeder guten Bar. Vielen weiteren Cocktails verleiht ein Schuß Champagner die beliebte prickelnde Note.

Sternstunde

Zutaten für 1 Drink:
2 cl Calvados
2 cl Cointreau
4 cl Maracujanektar
eiskalter Champagner

Zum Garnieren:
1 Karambolestern
1 Cocktailkirsche

Was Sie sonst noch brauchen:
Eiswürfel, Shaker, Barsieb, 1 großen Champagnerkelch oder 1 Champagnerschale, Cocktailspieß

1. Eiswürfel und alle Zutaten außer Champagner in den Shaker geben, den Shaker schließen und kräftig schütteln.
2. Die Mischung durch das Barsieb in den Kelch abseihen und mit Champagner auffüllen.
3. Den Karambolestern an den Glasrand hängen, die Kirsche auf den Spieß stecken und ins Glas geben.

Es war wirklich eine Sternstunde, als Peter Stern, Barchef im Münchner Hotel Preysing, diesen Drink kreierte.

Prince of Wales

Zutaten für 1 Drink:
2 cl Cognac
1 cl Bols Curaçao Orange
1 Spritzer Angostura
eiskalter Champagner

Zum Garnieren:
3 Cocktailkirschen, je ½ Orangen- und Zitronenscheibe (Schalen unbehandelt)

Was Sie sonst noch brauchen:
1 Silberbecher, Eiswürfel

1. In den Silberbecher einige Eiswürfel geben.
2. Den Cognac, den Curaçao und den Angostura dazugießen und mit Champagner auffüllen.
3. Mit den Früchten garnieren.

Prince of Wales – diesen raffinierten Drink können Sie natürlich auch im Glas mixen.

Max Joseph

Zutaten für 1 Drink:
2 Spritzer Bols Orangen Bitter
2 cl Calvados
1 cl weißer Port
1 cl Bols Apricot Brandy
eiskalter Champagner

Zum Garnieren:
1 Cocktailkirsche, 1 Stück Orangenschale (unbehandelt)

Was Sie sonst noch brauchen:
Rührglas, Eiswürfel, Barlöffel, Barsieb, 1 Champagnerkelch oder 1 Sektflöte, Cocktailspieß

1. In das Rührglas einige Eiswürfel geben.
2. Alle Zutaten außer Champagner dazugießen. Mit dem Barlöffel gut verrühren (aber nicht verwässern!).
3. Durch das Barsieb ins Glas abgießen und mit Champagner auffüllen.
4. Den fertigen Drink mit der Orangenschale abspritzen (die Schale dazu »auswringen«, um die ätherischen Öle herauszupressen). Die Schale dann nach Gusto mit der Cocktailkirsche ins Glas geben.

Max Joseph – 1978 vom Autor für die Eröffnung von Eckart Witzigmanns Drei-Sterne-Restaurant Aubergine kreiert.

Red Kiss

Zutaten für 1 Drink:
2 cl brauner Rum
2 cl Bols Cherry Brandy
2 cl Ananassaft
eiskalter Champagner

Zum Garnieren:
Cocktailkirschen und Ananasstücke

Was Sie sonst noch brauchen:
Eiswürfel, Shaker, Barsieb, 1 Champagnerkelch oder -schale, Cocktailspieß

1. Eiswürfel und alle Zutaten außer Champagner in den Shaker geben.
2. Kräftig schütteln und durch das Barsieb ins Glas abgießen.
3. Den Drink mit Champagner auffüllen.
4. Die Cocktailkirschen und Ananasstücke auf den Cocktailspieß stecken und ins Glas legen.

Red Kiss – erfrischend, fruchtig, prickelnd. Ein Champagner-Drink der Superklasse.

Champagner-Cocktail

Zutaten für 1 Drink:
1 Stück Würfelzucker
2 Spritzer Angostura
eiskalter, trockener Champagner

Zum Garnieren:
1 rundes Stück Zitronenschale (unbehandelt)

Was Sie sonst noch brauchen:
1 Champagnerkelch oder -tulpe, 1 Eiswürfel

1. Den Würfelzucker ins Glas geben und mit dem Angostura tränken. Den Eiswürfel dazugeben und mit Champagner auffüllen.
2. Die Zitronenschale über dem Glas ausdrücken, damit die ätherischen Öle hineintropfen und die Schale dann ins Glas geben.

Caribbean

Zutaten für 1 Drink:
2 cl weißer Rum
2 cl Bols Creme de Bananes
4 cl Bananennektar
einige Tropfen Zuckersirup
eiskalter, trockener Champagner

Zum Garnieren:
Kiwischeiben, Cocktailkirschen

Was Sie sonst noch brauchen:
Eiswürfel, Shaker, Barsieb, 1 Longdrinkglas, Cocktailspieß, 2 Trinkhalme

1. Einige Eiswürfel und alle Zutaten außer Champagner im Shaker kräftig schütteln. Durch das Barsieb ins Glas auf weitere Eiswürfel abgießen. Langsam mit Champagner auffüllen.
2. Die Kiwischeiben und die Kirschen auf den Cocktailspieß stecken und diesen über den Glasrand legen. Die Trinkhalme ins Glas geben.

Sparkling Strawberry

Zutaten für 1 Drink:
2 cl Erdbeersirup
1 cl Bols Apricot Brandy
2 cl Cognac
4 cl Ananassaft
eiskalter, trockener Champagner

Zum Garnieren:
1 Erdbeere

Was Sie sonst noch brauchen:
Eiswürfel, Shaker, Barsieb, 1 Champagnerkelch oder -tulpe

1. Einige Eiswürfel und alle Zutaten außer Champagner im Shaker kräftig schütteln. Durch das Barsieb ins Glas gießen. Mit Champagner auffüllen.
2. Die Erdbeere einschneiden und an den Glasrand stecken.

Sparkling Strawberry

Champagner-Cocktail

Portofino

Zutaten für 1 Drink:
4 cl roter (Tawny) Portwein
1 cl Erdbeersirup
4 cl Maracujanektar
eiskalter, trockener Champagner

Zum Garnieren:
3 Melonenbällchen (mit dem Kugelausstecher formen)

Was Sie sonst noch brauchen:
Eiswürfel, Shaker, Barsieb, 1 Champagnerkelch oder -tulpe, Cocktailspieß

1. *Einige Eiswürfel und alle Zutaten außer Champagner im Shaker kräftig schütteln. Durch das Barsieb ins Glas abgießen. Langsam mit Champagner auffüllen.*
2. *Die Melonenbällchen auf den Cocktailspieß stecken und diesen über den Glasrand legen.*

Moulin Rouge

Zutaten für 1 Drink:
2 cl Bols Apricot Brandy
2 cl Gin
2 cl Zitronensaft
1 cl Grenadinesirup
eiskalter Champagner

Zum Garnieren:
1 Karambolestern

Was Sie sonst noch brauchen:
Eiswürfel, Shaker, Barsieb, 1 Champagnerkelch oder -tulpe

1. *Einige Eiswürfel und alle Zutaten außer Champagner im Shaker kräftig schütteln. Durch das Barsieb ins Glas abgießen. Langsam mit Champagner auffüllen.*
2. *Den Karambolestern an den Glasrand stecken.*

Caribbean

Portofino

Moulin Rouge

RUM

Was wäre eine Bar ohne Rum? Ein Unding – eine schattenhafte Karikatur ihrer selbst! Denn Rum ist eine der tragenden Säulen des Barbetriebs – das gilt für die Bar zu Hause genauso wie für die Profi-Bar. Auf internationalem Parkett trat Rum in den letzten Jahren einen triumphalen Siegeszug um die Welt an.
Die Palette reicht vom leichten weißen Rum mit zartem Aroma bis hin zum braunen schweren Rum-Typ. Der goldgelbe bis tiefbraune dunkle Rum stammt meist von der westindischen Insel Jamaica.
Aber auch von anderen Karibikinseln kommen die verschiedensten Rumsorten zu uns. Den Rohstoff für diese aromatischste aller Spirituosen liefert das 1494 von Kolumbus nach Westindien eingeführte Zuckerrohr.
Rum wird in Deutschland als hochprozentiger Original-Rum, als auf Trinkstärke herabgesetzter Echter Rum oder als bereits im Herstellerland herabgesetzter Original-Rum eingeführt.
Viele weltbekannte Mixgetränke wie Cuba Libre, Daiquiri, Planter's Punch, Mai Tai oder Zombie werden mit Rum gemixt. Bei Parties und Treffs jeder Art vermitteln Mixdrinks mit Rum einen Hauch von karibischem Flair – von azurblauem Ozean, weißen Stränden und rauschenden Kokospalmen.

Als Synonym für leichten weißen Rum steht Bacardi. Die Firma Bacardi entstand 1862 in Santiago auf Cuba. Ihr Gründer, Facundo Bacardi, war der erste, der Rum von so hohem Reinheitsgrad destillierte. Sein Rum wurde schnell über Mittelamerika hinaus bekannt. Heute wird Bacardi Rum auf mehreren karibischen Inseln, in Brasilien, Venezuela und in Spanien hergestellt. Mit über 290 Millionen Flaschen Absatz pro Jahr ist Bacardi weltweit die Nr. 1 unter den Spirituosen und auch in Deutschland beim weißen Rum absoluter Marktführer. Außer der Standardmarke Bacardi Rum Light-Dry werden noch der aromatische, milde Premium Black, der hellgelbe Bacardi Rum Gold und der langjährig in Eichenholzfässern gelagerte, amberfarbene Gold Reserve angeboten.

Daiquiri

Zutaten für einen Drink:
5 cl Bacardi Rum Light-Dry
3 cl Zitronensaft
2 cl Zuckersirup

Zum Garnieren:
1 Limonenscheibe, halbiert, 1 Kumquat

Was Sie sonst noch brauchen:
Shaker, Eiswürfel, Barsieb, 1 Cocktailschale, Cocktailspieß

***1.** Den unteren Teil des Shakers zur Hälfte mit Eiswürfeln füllen.*
***2.** Alle Zutaten dazugeben, den Shaker schließen und kräftig schütteln.*
***3.** Den Inhalt des Shakers durch das Barsieb in die Cocktailschale abgießen.*
***4.** Die beiden Hälften der Limonenscheibe und die Kumquat auf den Cocktailspieß stecken und über den Glasrand legen.*

Dieser internationale Cocktail war einer der Lieblingsdrinks des Schriftstellers und Cuba-Liebhabers Ernest Hemingway.

Planter's Punch

Zutaten für 1 Drink:
1 cl Grenadinesirup
4 cl Ananassaft
4 cl Orangensaft
4 cl Grapefruitsaft
3 cl Bacardi Rum Light-Dry
3 cl Bacardi Rum Premium Black

Zum Garnieren:
2 dünne Ananasstücke mit »Schopf«,
1 Cocktailkirsche

Was Sie sonst noch brauchen:
Shaker, Eiswürfel, 1 hohes Longdrinkglas oder 1 Stielglas, Barsieb, Cocktailspieß, 2 Trinkhalme

1. *Den unteren Teil des Shakers zur Hälfte mit Eiswürfeln füllen.*
2. *Den Grenadinesirup, die Säfte und den Rum dazugeben, den Shaker schließen und alles kräftig schütteln.*
3. *Einige Eiswürfel ins Glas geben und den Inhalt des Shakers durch das Barsieb dazugießen.*
4. *Die Ananasstücke auf den Spieß stecken und diesen über den Glasrand legen. Die Kirsche und die Trinkhalme ins Glas geben.*

Cuba Libre

Zutaten für 1 Drink:
einige Tropfen Zitronensaft
4 cl Bacardi Rum Light-Dry
Cola

Zum Garnieren:
½ Zitronenscheibe (Schale unbehandelt)

Was Sie sonst noch brauchen:
1 hohes Longdrinkglas, Eiswürfel, Stirer

1. *In das hohe Longdrinkglas einige Eiswürfel geben.*
2. *Den Zitronensaft und den Rum darüber gießen und mit Cola je nach Geschmack auffüllen.*
3. *Kurz rühren, die halbe Zitronenscheibe an den Glasrand stecken und den Stirer ins Glas geben.*

Planter's Punch – aus der guten alten Zeit, als für die Plantagenbesitzer die Welt noch in Ordnung war, stammt dieser Drink.

Cuba Libre – dieser unkomplizierte und erfrischende Longdrink gehört zum Standard jedes Getränkeangebots und ist besonders an warmen Tagen sehr beliebt.

Banana Royal

Zutaten für 1 Drink:
6 cl brauner Rum
8 cl Ananassaft
2 cl Sahne
4–6 cl flüssige Cream of Coconut oder Cocossirup
½ Banane

Zum Garnieren:
Bananenscheiben und Cocktailkirschen

Was Sie sonst noch brauchen:
1 großes Longdrinkglas oder 1 Fantasyglas, gestoßenes Eis, Elektromixer, Cocktailspieß, 2 Trinkhalme

1. Das Glas halb mit gestoßenem Eis füllen.
2. Alle Zutaten im Elektromixer gut durchmixen, ins Glas gießen und gut umrühren.
3. Bananenscheiben und Cocktailkirschen auf den Spieß stecken und ins Glas legen. Die Trinkhalme dazugeben.

Strawberry Colada

Zutaten für 1 Drink:
6 cl weißer Rum
10 cl Ananassaft
2 cl Zitronensaft
2 cl Erdbeersirup
4–6 cl flüssige Cream of Coconut oder Cocossirup
einige Erdbeeren

Zum Garnieren:
2 Erdbeeren

Was Sie sonst noch brauchen:
1 großes Longdrinkglas oder 1 Stielglas, gestoßenes Eis, Elektromixer, 2 Trinkhalme

1. Das Glas halb mit gestoßenem Eis füllen.
2. Alle Zutaten im Elektromixer gut durchmixen, ins Glas abgießen und gut umrühren.
3. Die Erdbeeren einschneiden und an den Glasrand stecken. Die Trinkhalme ins Glas geben.

Zombie

Zutaten für 1 Drink:
4 cl brauner Rum
4 cl weißer Rum
2 cl hochprozentiger Rum (73 %)
2 cl Cointreau
2 cl Grenadinesirup
2 cl Maracujasirup
4 cl Zitronensaft
4 cl Orangensaft
4 cl Ananassaft

Zum Garnieren:
1 Ananasstück, 1 Cocktailkirsche, 1 Zweig Minze

Was Sie sonst noch brauchen:
1 großes Longdrinkglas, gestoßenes Eis, Eiswürfel, Shaker, Barsieb, Cocktailspieß, 2 Trinkhalme

1. Das Glas halb mit gestoßenem Eis füllen.
2. Eiswürfel und alle Zutaten im Shaker kräftig schütteln, durch das Barsieb ins Glas gießen und umrühren.
3. Das Ananasstück an den Glasrand hängen, die Cocktailkirsche mit dem Spieß daranstecken, den Minzezweig und die Trinkhalme ins Glas geben.

Strawberry Colada

Banana

Pina Colada

Zutaten für 1 Drink:
6 cl weißer oder brauner Rum
12 cl Ananassaft
4–6 cl flüssige Cream of Coconut oder Cocossirup
2 cl Sahne
1 Scheibe Ananas, geschält und in Stücke geschnitten, ohne Strunkanteil

Zum Garnieren:
1 Ananasstück, 1 Cocktailkirsche

Was Sie sonst noch brauchen:
1 großes Longdrinkglas oder 1 Fantasyglas, gestoßenes Eis, Elektromixer, Cocktailspieß, 2 Trinkhalme

1. Das Glas halb mit gestoßenem Eis füllen.
2. Alle Zutaten im Elektromixer gut durchmixen, ins Glas abgießen und gut umrühren.
3. Das Ananasstück an den Glasrand hängen und die Kirsche mit dem Cocktailspieß daranstecken. Die beiden Trinkhalme ins Glas geben.

Mai Tai

Zutaten für 1 Drink:
1 Limone (Schale unbehandelt)
6 cl brauner Rum
2 cl Cointreau
1 cl Zuckersirup
1 cl Orgeat (Mandelsirup)
2 cl Limonensaft

Zum Garnieren:
Cocktailkirschen

Was Sie sonst noch brauchen:
1 großes Old-Fashioned-Glas, gestoßenes Eis, Eiswürfel, Shaker, Barsieb, 2 kurze Trinkhalme

1. Das Glas halb mit gestoßenem Eis füllen.
2. Die Limone vierteln, über dem Glas ausdrücken und die Limonenstücke ins Glas geben.
3. Eiswürfel und alle übrigen Zutaten im Shaker kräftig schütteln und durch das Barsieb ins Glas gießen, kurz umrühren.
4. Die kurzen Trinkhalme und einige Cocktailkirschen ins Glas geben.

COGNAC

Seit mehreren hundert Jahren begründet der Cognac einen Teil des Reichtums des Charente-Gebiets und zählt seitdem zu den international bekanntesten Erzeugnissen Frankreichs.
Zu Beginn des 15. Jahrhunderts wurde in der heutigen Cognac-Region erstmals destilliert. Jedoch gelang es erst nach vielen Versuchen, ein optimales Brennverfahren zu finden, das auch heute noch angewandt wird.
Im 17. und 18. Jahrhundert begann man, den Weinbrand in Eichenholzfässern zu lagern, deren Holz aus den nahegelegenen Wäldern um Limousin stammte. Man stellte fest, daß die Qualität des Cognacs dadurch gewann. Er verlor seine Schärfe und bekam eine schöne goldbraune Farbe.
Das heutige Cognac-Gebiet wird in zwei große Zonen unterschieden, den Champs oder Champagnes und den Bois, der wiederum in sechs Regionen unterteilt wird. Jede Region vermittelt »ihrem« Cognac besondere Eigenschaften, einen bestimmten Geschmack und ein nur ihm eigenes Aroma.
Im Spätherbst beginnt die Destillation der jungen Weine. Zur Reifung muß der Cognac, wie schon erwähnt, in Eichenholzfässern lagern. Nach diesem Reifeprozeß ist der Cognac aber noch nicht fertig, jetzt kommt erst die Kunst des Kellermeisters zum Zuge. Dieser mischt Brände unterschiedlichen Alters und verschiedener Lagen, um einen harmonischen, für die jeweilige Marke oder Qualität typischen, über Jahre hinweg gleichbleibenden Geschmack zu erzielen. Da Cognacs mit wenigen Ausnahmen immer Mischungen sind, ist es wichtig, die »Etiketten« lesen zu können.
Für V.S., 3 Sterne oder De Luxe Cognacs muß der jüngste Bestandteil mindestens zwei Jahre im Eichenholzfaß gelagert haben. Für V.S.O.P. sind vier Jahre vorgeschrieben. Bei Cognacs mit der Bezeichnung Napoleon, Extra, X.O., sowie bei allen Bezeichnungen, die auf ein außergewöhnliches Alter hinweisen, sind für das jüngste Destillat mindestens sechs Jahre Lagerung vorgeschrieben. Das tatsächliche, meist über diese vorgeschriebene Zeit hinausgehende Alter wird aber durch die Qualitätspolitik des jeweiligen Hauses bestimmt.
Ein Erzeugnis besonderer Art ist der »Fine Champagne Cognac«. Er ist eine vom Alter unabhängige Mischung aus den beiden besten Regionen, der Grande und Petite Champagne, wobei mindestens 50 % des Destillats aus der Grande Champagne stammen müssen.
Großen Anteil an der Geschichte des Cognac hat das weltbekannte Haus Rémy Martin. Es besteht seit 1724 und ist heute führender Erzeuger von Fine Champagne Cognac. Die Angebotspalette reicht von V.S., V.S.O.P., Club, Napoleon, XO Spécial und Extra Perfection bis zur absoluten Spitzenqualität Louis XIII, die als exklusivster und teuerster Cognac gilt. Das Haus beherrscht weltweit fast 15% des Cognac-Marktes, wobei der Rémy-Martin-Anteil bei der V.S.O.P.-Qualität und den gehobeneren Sorten noch weit höher liegt. Rémy Martin produziert jährlich rund 20 Millionen Flaschen, von denen etwa 90% exportiert werden. In mehreren Ländern, darunter auch Deutschland, ist Rémy Martin Marktführer.
Cognac gilt unter den gebrannten Weinen als edelstes Destillat und ist deshalb bei vielen Gelegenheiten das ideale Getränk. Er wird in den bekannten Schwenkern, die sein Aroma am besten zur Geltung bringen, oder in kleinen Tulpengläsern bei Zimmertemperatur getrunken. Cognac können Sie als i-Tüpfelchen servieren, als krönenden Abschluß einer Mahlzeit oder einfach als High-light zwischendurch. Cognac ist aber auch unentbehrliche Mixzutat für die Drinks der Happy hour. Viele weltbekannte Cocktails verdanken der weichen goldbraunen Spirituose ihre Entstehung.

FINE CHAMPAGNE
V.S.O.P.
DEPUIS 1724
40% vol
FINE CHAMPAGNE
COGNAC
REMY MARTIN
XO
SPECIAL

Frenchy

Zutaten für 1 Drink:
4 cl Cognac
2 cl Bols Creme de Bananes
6 cl Orangensaft
6 cl Ananassaft
1 cl Erdbeersirup

Zum Garnieren:
1 Erdbeere

Was Sie sonst noch brauchen:
Eiswürfel, Shaker, Barsieb, 1 Longdrinkglas, 2 Trinkhalme

1. Einige Eiswürfel und alle Zutaten in den Shaker geben. Die Mischung kräftig schütteln und durch das Barsieb in das Longdrinkglas auf weitere Eiswürfel abgießen.
2. Die Erdbeere an den Glasrand stecken und die beiden Trinkhalme ins Glas geben.

Frenchy – das ist nicht Cognac französisch, sondern Cognac tropisch! – Ein Mix-Drink der neuen Generation.

Brandy Alexander

Zutaten für 1 Drink:
4 cl Cognac
2 cl Bols Creme de Cacao, braun
4–6 cl Sahne

Zum Garnieren:
Muskatnuß, frisch gerieben

Was Sie sonst noch brauchen:
Eiswürfel, Shaker, Barsieb, 1 Cocktailschale

1. Einige Eiswürfel und alle Zutaten in den Shaker geben. Den Shaker gut verschließen.
2. Alles kräftig schütteln und durch das Barsieb in die Cocktailschale abgießen.
3. Den Drink mit etwas Muskat bestreuen.

Brandy Alexander ist der »Urvater« vieler Drinks, die alle mit einer Spirituose, Likör und Sahne gemixt werden.

French and it

Zutaten für 1 Drink:
3 cl Cognac
3 cl Galliano
6 cl Sahne

Zum Garnieren:
Schokoladenraspel

Was Sie sonst noch brauchen:
Eiswüfel, Shaker, Barsieb, 1 Cocktailschale

1. Einige Eiswürfel und alle Zutaten in den Shaker geben. Die Mischung kräftig schütteln und durch das Barsieb in die Cocktailschale abgießen.
2. Den Drink mit Schokoladenraspeln bestreuen.

French and it – ein moderner Sahne-Drink, bei dem Sie die Mengen nach Lust und Laune verändern können.

Rémy Cup

Zutaten für 1 Drink:
4 cl Rémy Martin V.S.O.P. Cognac
1 cl Grenadinesirup
10 cl Maracujanektar

Zum Garnieren:
1 Ananasstück, 1 kleiner Minzezweig

Was Sie sonst noch brauchen:
Eiswürfel, Shaker, Barsieb, 1 Longdrinkglas, 2 Trinkhalme

1. Einige Eiswürfel und alle Zutaten in den Shaker geben. Die Mischung kräftig schütteln und durch das Barsieb in das Longdrinkglas auf weitere Eiswürfel abgießen.
2. Den kleinen Minzezweig in das Ananasstück stecken und dieses an den Glasrand hängen. Die Trinkhalme ins Glas geben.

Rémy Cup – eine frischfruchtige Kreation aus dem Hause Rémy Martin.

Side Car

Zutaten für 1 Drink:
4 cl Cognac
2 cl Cointreau
2 cl Zitronensaft

Was Sie sonst noch brauchen:
Eiswürfel, Shaker, Barsieb, 1 Cocktailglas oder -schale

1. *Einige Eiswürfel und alle Zutaten in den Shaker geben. Den Shaker gut verschließen.*
2. *Alles kräftig schütteln und durch das Barsieb in die Cocktailschale abgießen.*

Rémy Top

Zutaten für 1 Drink:
4 cl Rémy Martin V.S.O.P. Cognac
eiskaltes Mineralwasser oder
Tonic Water

Was Sie sonst noch brauchen:
1 schlankes, mittelgroßes Longdrinkglas

1. *Das Glas bis zu drei Vierteln mit eiskaltem Mineralwasser oder Tonic Water füllen.*
2. *Das Glas leicht schräg halten und vorsichtig den Cognac dazugießen, so daß er sich nicht mit dem Wasser oder Tonic vermischt. Er soll obenauf »schwimmen«.*

Side Car – der »Beiwagen«, einer der bekanntesten Drinks der Cocktailgeschichte, läßt sich auch gut zu gleichen Teilen mixen.

Rémy Top – perfekter Genuß in Schichten: zuerst trinkt man den Cognac und dann das Wasser.

GIN

Gin tauchte zum erstenmal im 16. Jahrhundert in Holland auf und hieß dort »Genever«. Wahrscheinlich waren es in Holland kämpfende englische Truppen, die den hochprozentigen »Genever« über den Kanal mit nach Hause brachten und in England bekannt machten: Die Engländer wandelten dann diese Spirituose nach eigenem Geschmack ab und verballhornten das holländische Wort Genever zu »Gin«. Erst im 18. Jahrhundert jedoch wurde der Londoner Gin bei den Engländern richtig beliebt, und um die Mitte dieses Jahrhunderts war er auf dem besten Wege, zum Nationalgetränk zu werden. Ein großer Teil des damals hergestellten Gins war leider von sehr zweifelhafter Qualität, und anfangs nahm der Konsum dieses gesundheitsschädlichen Fusels das Ausmaß einer nationalen Krise an. Die Situation besserte sich, als eine Anzahl von Destillateuren Gin von hoher Qualität und Reinheit herstellten.
Den Bemühungen von Männern wie Alexander Gordon war es zu verdanken, daß der Gin im 19. Jahrhundert ein respektables Getränk wurde. Gordon kam aus Schottland und errichtete seine Brennerei 1769 im damals noch außerhalb von London gelegenen Finsbury.

Tom Collins

Um 1800 war Gordon's Gin schon weithin bekannt und eine hochgeschätzte Marke. 1939 betrieb Gordon's die größte Brennerei der Welt und ist seitdem weltweit die meistverkaufte Gin-Marke.
Gin ist, vereinfacht gesagt, ein mehrfach destillierter Alkohol. In der dritten Destillation werden Wacholder, Koriander sowie weitere Gewürze, Kräuter und Aromastoffe zugesetzt. Die jeweilige Zusammensetzung dieser Zutaten ist das streng gehütete Geheimnis jeder Destillerie, denn sie bestimmt das Aroma und den Charakter der einzelnen Marke.
Gin ist die klassischste und am meisten verwendete Spirituose beim Mixen. Zwei weltbekannte Drinks, der Martini Cocktail und der Gin Tonic werden täglich millionenfach zubereitet. Kein Wunder, denn Gin zählt mit jährlich weltweit über 450 Millionen verkauften Flaschen zu den erfolgreichsten Spirituosen überhaupt.

Zutaten für 1 Drink:
5 cl Gordon's Gin
3 cl Zitronensaft
2 cl Zuckersirup
Sodawasser

Zum Garnieren:
1/2 Zitronenscheibe und eventuell etwas Zitronenschale (unbehandelt), 2 Cocktailkirschen

Was Sie sonst noch brauchen:
Eiswürfel, Shaker, Barsieb, 1 Longdrinkglas, 2 Trinkhalme, Stirer

***1.** Einige Eiswürfel und alle Zutaten außer Sodawasser in den Shaker geben. Den Shaker verschließen.*
***2.** Kräftig schütteln und die Mischung durch das Barsieb in das Longdrinkglas auf weitere Eiswürfel abgießen.*
***3.** Mit etwas Sodawasser auffüllen.*
***4.** Die halbe Zitronenscheibe, nach Belieben die Zitronenschale, die Cocktailkirschen, die Trinkhalme und den Stirer in den Drink geben.*

Dieser weltbekannte Longdrink wurde um die Jahrhundertwende von einem Barmixer namens Collins im Limmer's Hotel in London kreiert.

Big Ben

Zutaten für 1 Drink:
5 cl Gin
4 cl Orangensaft
2 cl Zitronensaft
1 cl Grenadinesirup
Bitter Lemon

Zum Garnieren:
1 Limonenscheibe (Schale unbehandelt),
2 Cocktailkirschen

Was Sie sonst noch brauchen:
Eiswürfel, Shaker, Barsieb, 1 Longdrinkglas, 2 Trinkhalme, Stirer

***1.** Einige Eiswürfel und alle Zutaten außer Bitter Lemon in den Shaker geben.*
***2.** Kräftig schütteln und durch das Barsieb ins Glas auf weitere Eiswürfel abgießen.*
***3.** Den Drink mit Bitter Lemon auffüllen und leicht umrühren.*
***4.** Die Limonenscheibe an den Glasrand stecken, die Cocktailkirschen, die Trinkhalme und den Stirer ins Glas geben.*

Adria Look

Zutaten für 1 Drink:
2 cl Gin
2 cl Bols Curaçao Blue
2 cl Zitronensaft
eiskalter Champagner

Was Sie sonst noch brauchen:
Shaker, Eiswürfel, Barsieb, 1 Champagnertulpe

***1.** Einige Eiswürfel und alle Zutaten außer Champagner in den Shaker geben.*
***2.** Kräftig schütteln und die Mischung durch das Barsieb in die Champagnertulpe abseihen.*
***3.** Den Drink mit Champagner aufgießen.*

White Lady

Zutaten für 1 Drink:
4 cl Gin
2 cl Cointreau
2 cl Zitronensaft

Was Sie sonst noch brauchen:
Shaker, Eiswürfel, Barsieb, 1 Cocktailschale oder -glas

***1.** Alle Zutaten im verschlossenen Shaker gut mit Eiswürfeln schütteln.*
***2.** Den Drink durch das Barsieb in die Cocktailschale abseihen und servieren.*

White Lady *Big Ben*

Singapore Sling

Zutaten für 1 Drink:
4 cl Gordon's Gin
2 cl Cherry Brandy
4 cl Zitronensaft
1 cl Grenadinesirup
Sodawasser

Zum Garnieren:
½ Zitronenscheibe (Schale unbehandelt), Cocktailkirschen

Was Sie sonst noch brauchen:
Eiswürfel, Shaker, Barsieb, 1 Longdrinkglas, 2 Trinkhalme

1. Einige Eiswürfel und alle Zutaten außer Sodawasser in den Shaker geben.
2. Verschließen und alles kräftig schütteln. Dann durch das Barsieb in das Longdrinkglas auf weitere Eiswürfel abgießen.
3. Auf das im Shaker verbliebene Eis etwas Sodawasser geben und damit den Drink auffüllen.
4. Den Singapore Sling mit der halben Zitronenscheibe und Cocktailkirschen garnieren, die Trinkhalme dazugeben.

Martini Dry Cocktail

Zutaten für 1 Drink:
5 cl Gordon's Gin
1 cl Vermouth Dry

Zum Garnieren:
1 grüne Olive mit Stein

Was Sie sonst noch brauchen:
Eiswürfel, Rührglas, Barsieb, Barlöffel, 1 geeistes Cocktailglas, 1 Cocktailspieß

1. Einige Eiswürfel in das Rührglas geben und den Gin und den Vermouth dazugießen.
2. Alles kurz und kräftig mit dem Barlöffel rühren, dann durch das Barsieb in das geeiste Cocktailglas abgießen.
3. Die Olive auf den Cocktailspieß stecken und in den Drink legen.

ria Look

Martini Dry Cocktail

Singapore Sling

Pink Flamingo

Zutaten für 1 Drink:
3 cl Gin
3 cl Bols Cherry Brandy
4 cl Ananassaft
4 cl Orangensaft
2–4 cl flüssige Cream of Coconut oder Cocossirup

Zum Garnieren:
je 1 Orangenscheibe (Schale unbehandelt) und Kiwischeibe, 1 Cocktailkirsche

Was Sie sonst noch brauchen:
1 großes Longdrinkglas, gestoßenes Eis, Elektromixer, 2 Trinkhalme, Cocktailspieß

1. *Das große Longdrinkglas zur Hälfte mit gestoßenem Eis füllen.*
2. *Alle Zutaten in den Elektromixer geben und gut durchmixen. Ins Glas abgießen und gut umrühren.*
3. *Die Trinkhalme dazugeben, die Orangen- und Kiwischeibe an den Glasrand stecken und die Cocktailkirsche daranspießen.*

Pink Flamingo – fruchtig und süß, ein Sommerdrink der Extraklasse. Sieht prachtvoll aus und schmeckt auch so.

Gimlet

Zutaten für 1 Drink:
4 cl Gin
2 cl Rose's Lime Juice

Zum Garnieren:
1 Limonenscheibe (Schale unbehandelt)

Was Sie sonst noch brauchen:
Eiswürfel, Rührglas, Barlöffel, Barsieb,
1 geeistes Cocktailglas oder -schale

1. Einige Eiswürfel in das Rührglas geben, den Gin und den Lime Juice dazugießen. Die Mischung mit dem Barlöffel kurz und kräftig rühren, dann durch das Barsieb in das geeiste Glas abgießen.
2. In den fertigen Drink die Limonenscheibe geben.

Gimlet – Gin und Lime Juice verbinden sich hier zu einem ausgezeichneten Aperitif. Sie können die Mengen nach Belieben verändern.

WODKA

Ob das russische Nationalgetränk Wodka erstmals in Rußland oder Polen gebrannt wurde, wird wohl immer eine Streitfrage bleiben – denn das Wort Wodka, »Wässerchen«, existiert seit Jahrhunderten in beiden Sprachen. Der Ursprung der Wodka-Destillation liegt im Dunkeln. Sicher ist aber, daß bereits im 17. Jahrhundert in beiden Ländern viele Brennereien existierten. Bis Anfang des 20. Jahrhunderts war Wodka außerhalb Rußlands und Polens kaum bekannt. Nach dem Ersten Weltkrieg kamen zahlreiche Emigranten nach Berlin, wo sich bald eine russische Kolonie bildete. Der Verlust der Heimat und das Leben im Exil brachten auch den Verzicht auf das Wodkatrinken mit sich. Die damals in Deutschland noch unbekannte Spirituose konnte man nirgends kaufen. Als Retter in der Not erwies sich die Familie Gorbatschow. Sie verfügte über die notwendigen Kenntnisse zur Wodka-Herstellung und beschloß, in Berlin Wodka zu produzieren. 1921 wurde die Firma Gorbatschow gegründet. Das Verfahren von Gorbatschow zeichnet sich bis heute dadurch aus, daß der Wodka zweimal über Holzkohle gefiltert wird. Durch diese doppelte Filtrierung bekommt Wodka Gorbatschow seine Reinheit und Geschmacksneutralität.
Wurde Gorbatschow erst nur von Emigranten getrunken, so kamen später auch die Einheimischen auf den Geschmack. Die Berliner lernten den Wodka schätzen. Und nach dem Zweiten Weltkrieg setzte sich Wodka Gorbatschow bundesweit durch. Heute ist er mit Abstand die führende Wodka-Marke in Deutschland.

Springtime Cooler

Wodka ist die neutralste und reinste aller Spirituosen. Er hat weder Aroma noch Bukett und nicht einmal einen speziellen Geschmack. Er wird, entgegen der landläufigen Meinung, er sei ein Kartoffelschnaps, heute fast ausschließlich aus Getreide gebrannt. Der nach zwei- bis dreimaligem Brennvorgang gewonnene hochprozentige Alkohol wird über Holzkohle gefiltert und anschließend mit Wasser verdünnt. Die Qualität dieses Wassers spielt eine fast ebenso große Rolle wie die sorgfältige Destillation der Getreidegrundlage.
Sie können Wodka mit Fruchtsäften, Cola oder Bitterlimonaden mischen oder ihn pur eisgekühlt trinken. Für viele internationale Cocktails ist Wodka die alkoholische Grundlage. Weltruhm erlangten die Longdrinks Bloody Mary und Screw Driver. Durch seine Neutralität verträgt sich Wodka mit allen Likören, Säften und Sirups und ist somit ein »Muß« in jeder Bar – auch der im eigenen Haus.

Zutaten für 1 Drink:
4 cl Wodka
2 cl Bols Blue Curaçao
6 cl Orangensaft
3 cl Zitronensaft
1 cl Zuckersirup

Zum Garnieren:
1 Karambolestern, 2 Cocktailkirschen

Was Sie sonst noch brauchen:
Eiswürfel, Shaker, Barsieb, 1 Longdrinkglas, 2 Trinkhalme, Stirer

1. *Alle Zutaten und einige Eiswürfel in den Shaker geben. Den Shaker verschließen.*
2. *Kräftig schütteln und den Drink durch das Barsieb in das Longdrinkglas auf weitere Eiswürfel abgießen.*
3. *Den Karambolestern an den Glasrand stecken. Die Cocktailkirschen, die Trinkhalme und den Stirer ins Glas geben.*

Springtime Cooler – fruchtig-frisch mit viel Pfiff. Er schmeckt nicht nur im Frühling – er ist auch ein idealer Einstieg für die Sommerparty.

Bloody Mary

Zutaten für 1 Drink:
frisch gemahlener Pfeffer
Selleriesalz
2 Spritzer Tabasco
3–5 Spritzer Worcestershire-Sauce
1 cl Zitronensaft
5 cl Wodka
12 cl Tomatensaft

Was Sie sonst noch brauchen:
1 Longdrinkglas, Eiswürfel, Barlöffel, Stirer

1. *Das Glas mit einigen Eiswürfeln füllen.*
2. *Pfeffer, Selleriesalz, den Tabasco und die Worcestershire-Sauce, den Zitronensaft, den Wodka und den Tomatensaft dazugeben.*
3. *Mit dem Barlöffel in einer Spirale gut von unten nach oben rühren.*
4. *Den Stirer zum weiteren Umrühren ins Glas geben.*

Bloody Mary – dieser Katerkiller ist weltberühmt. Würzen Sie ihn nach eigenem Geschmack und verwenden Sie nur soviel Alkohol, wie es die Tageszeit zuläßt.

Swimming Pool

Zutaten für 1 Drink:
3 cl Wodka
3 cl Bols Curaçao Blue
2 cl Sahne
10 cl Ananassaft
2 cl Cream of Coconut

Zum Garnieren: Verschiedene Früchte, zum Beispiel Karambole, Ananas, Melone, Cocktailkirschen, Erdbeeren oder Mandarinenstücke

Was Sie sonst noch brauchen:
Elektromixer, 1 Fantasyglas oder 1 anderes bauchiges Glas, gestoßenes Eis, Barlöffel, 2 dicke Trinkhalme

1. *Die Zutaten in den Elektromixer geben. Diesen laufen lassen, bis alles gut vermischt ist und sich Schaum gebildet hat.*
2. *Das Glas über die Hälfte mit gestoßenem Eis füllen.*
3. *Die Mischung aus dem Mixer dazugeben und mit dem Barlöffel gut aufrühren.*
4. *Den Drink mit Früchten nach Wahl*

Swimming Pool – das klingt und schmeckt nach Sommer, Sonne und langen Urlaubstagen. Keine Angst vor Experimenten – der Drink fasziniert auch, wenn die Menge der Zutaten abgewandelt wird.

White Russian

Zutaten für 1 Drink:
4 cl Wodka
2 cl Kaffeelikör
oder
3 cl Wodka
3 cl Kaffeelikör
1 gehäufter Eßl. leicht geschlagene Sahne

Was Sie sonst noch brauchen:
Eiswürfel, Rührglas, Barlöffel, Barsieb,
1 kleines Stielglas oder 1 Champagnerkelch

1. Einige Eiswürfel in das Rührglas geben.
2. Den Wodka und den Kaffeelikör dazugießen und mit dem Barlöffel gut vermischen.
3. Den Drink durch das Barsieb ins Glas abseihen. Mit Hilfe des Barlöffels die leicht geschlagene Sahne vorsichtig als Haube darauf setzen.

Veredelt mit einer Sahnehaube ist der berühmte amerikanische Digestif Black Russian seit den siebziger Jahren ein »Renner« bei allen, die's gerne süß mögen.

Beach Beauty

Zutaten für 1 Drink:
4 cl Wodka
2 cl Bols Creme de Bananes
1 cl Grenadinesirup
4 cl Orangensaft
Tonic Water

Zum Garnieren:
2 Orangenscheiben (Schale unbehandelt),
1 Cocktailkirsche, 1 Zweig Minze

Was Sie sonst noch brauchen:
Eiswürfel, 1 Longdrinkglas, Shaker, Barsieb,
Cocktailspieß, 2 Trinkhalme

1. Einige Eiswürfel in das Longdrinkglas geben.
2. Weitere Eiswürfel und alle Zutaten außer Tonic Water in den Shaker geben. Alles kräftig schütteln und durch das Barsieb ins vorbereitete Glas abgießen.
3. Die Mischung mit Tonic Water auffüllen und alles leicht umrühren.
4. Eine Orangenscheibe an den Glasrand hängen, die Kirsche, die Minzeblätter und die zweite Orangenscheibe mit den Trinkhalmen ins Glas geben.

Beach Beauty – prickelnd, fruchtig, süß-herb. Zaubert Urlaubsstimmung ins Glas.

Moscow Mule

Zutaten für 1 Drink:
2 Limonen (Schalen unbehandelt)
6 cl Wodka
0,2 l Ginger Ale

Was Sie sonst noch brauchen:
1 Metallkrug mit ½ l Inhalt, ersatzweise
1 Bierkrug aus Glas, Eiswürfel

1. Den Metallkrug mit Eiswürfeln zur Hälfte füllen.
2. Die Limonen vierteln, den Saft in den Krug pressen, einige Limonenstücke in den Krug geben.
3. Den Wodka dazugießen und den Krug mit dem Ginger Ale auffüllen.

Wenn Sie sich zuviele Drinks dieser kräftigen Spezies genehmigen, brauchen Sie wirklich ein Moscow Mule – ein Moskauer Maultier – für den »Heimritt«.

Caipirovka

Zutaten für 1 Drink:
2 Limonen (Schalen unbehandelt)
5 cl Wodka
1 cl Zuckersirup

Was Sie sonst noch brauchen:
1 großes Old-Fashioned-Glas, Stössel,
Eiswürfel, Barlöffel, 2 kurze Trinkhalme

1. Die Limonen vierteln, den Saft in das große Old-Fashioned-Glas ausdrücken und die Limonenstücke ins Glas geben.
2. Mit dem Stössel die Limonenstücke im Glas nochmals ausquetschen.
3. Einige Eiswürfel dazugeben.
4. Den Wodka und den Zuckersirup ins Glas gießen und alles mit dem Barlöffel gut umrühren.
5. Die kurzen Trinkhalme in den Drink geben.

Caipirovka ist eine Variante des brasilianischen Nationalgetränks Caipirinha. Das Original wird mit dem Zuckerrohrschnaps Cachaca gemixt.

SCOTCH WHISKY

Wann der schottische Whisky zum erstenmal aus der Taufe gehoben wurde, liegt im Dunkel der Vergangenheit. In alten Urkunden wird er erstmals 1494 erwähnt, obwohl sicher schon lange Zeit vorher Whisky gebrannt wurde. Nach Meinung der Historiker waren es die ersten christlichen Mönche, die die Kunst des Destillierens vom Kontinent nach Schottland »importierten«. Seinen Namen verdankt der Whisky dem gälischen Ausdruck »Uisge Beatha«, Wasser des Lebens, im Sprachgebrauch im Laufe der Zeit zu dem heutigen Wort »Whisky« verballhornt. Seit alter Zeit wurde in Schottland in vielen kleinen Brennereien aus gemälzter und im Torfrauch getrockneter Gerste ein kräftiger und würziger Malt Whisky in nur einem Brennvorgang gebrannt. Er war das Nationalgetränk der Schotten und wurde von ihnen zu jedem Anlaß getrunken.

Erst im letzten Jahrhundert kamen auch die Engländer auf den Whisky-Geschmack. Über das britische Empire eroberte diese Spezialität aus dem schottischen Hochland die ganze Welt. Die überregionale und später weltweite Vermarktung des Whisky hängt eng mit der Erfindung des kontinuierlichen Brennapparates zusammen, mit dem man wirtschaftlicher den leichteren Grain Whisky (aus Mais, gemälzter und ungemälzter Gerste) herstellen konnte.

Mit diesem Grain Whisky schlug auch die Geburtsstunde der »Blends«. Das sind Mischungen aus Whiskys verschiedenen Typs, die erstmals um 1860 hergestellt wurden. Durch Verwendung verschiedenartiger Malt Whiskys und eines mehr oder weniger großen Anteils leichter Grain Whiskys war es möglich, Whisky von gleichbleibender Qualität in beliebigen Mengen in die ganze Welt zu liefern.

Die Klasse und Geschmacksrichtung eines Blend werden in erster Linie durch die Qualität der verwendeten Malt Whiskys bestimmt, denn Grain Whisky hat wenig Eigenart, er ist eher neutral. Nach den strengen Produktionsvorschriften muß der jüngste Bestandteil eines Scotch Whisky mindestens drei Jahre im Eichenholzfaß gelagert haben, bevor er dem Blend beigemischt wird.

Die Altersangaben auf dem Etikett beziehen sich immer auf den jüngsten Whisky und nie auf eine Mischung von mehreren Jahrgängen.
Großen Anteil am durchschlagenden Erfolg des Scotch Whisky hatte die in Kilmarnock ansässige Firma John Walker. Das Jahr 1820 gilt als Gründungsjahr, denn in dieser Zeit begann John Walker mit dem Whiskyhandel. Nach stetigem Ausbau der Firma brachte die Firmenwerbung mit der 1908 geschaffenen Figur des Johnnie Walker den Durchbruch. Diese muntere, zielstrebig dahinschreitende Gestalt mit Zylinder, rotem Frack, Einglas und Spazierstock, kennt inzwischen alle Welt. Der mit Johnnie Walker verbundene Slogan »Johnnie Walker born 1820 .... still going strong« wird bis heute verwendet. Johnnie Walker ist heute die größte Scotch-Whisky-Marke, und wöchentlich werden über drei Millionen Flaschen aller Größen in 170 Länder verschickt. Die Hauptmarke ist der bekannte »Red Label«, dem der 12 Jahre gealterte »Black Label« zur Seite steht. Außerdem wird der in eine Karaffe abgefüllte Premium Scotch »Swing« und der ebenfalls 12 Jahre gealterte Highland Malt Scotch Whisky »Cardhu« auf den Weltmärkten angeboten.
Blended Scotch Whisky ist ein sehr anpassungsfähiges Getränk, das man mit Wasser, Sodawasser, Cola, Ginger Ale, pur oder on the rocks trinken kann.
Er schmeckt auch als Digestif nach dem Essen. Und – last but not least – können Sie mit ihm viele internationale Cocktails und Longdrinks mixen.

Rob Roy

Zutaten für 1 Drink:
4 cl Johnnie Walker Scotch Whisky
2 cl Vermouth Rosso
2 Spritzer Angostura

Zum Garnieren:
1 Cocktailkirsche

Was Sie sonst noch brauchen:
Eiswürfel, Rührglas, Barlöffel, Barsieb, 1 Cocktailglas, Cocktailspieß

1. *Einige Eiswürfel und alle Zutaten in das Rührglas geben. Die Mischung mit dem Barlöffel kurz und kräftig durchrühren und durch das Barsieb in das Cocktailglas abgießen.*
2. *Die Cocktailkirsche auf den Spieß stecken und ins Glas geben.*

Scottish Surprise

Zutaten für 1 Drink:
6 cl Scotch Whisky
6 cl Maracujanektar
1 cl Zitronensaft
1 cl Grenadinesirup
1 Spritzer Angostura

Zum Garnieren:
1 Zitronenscheibe (Schale unbehandelt), 1 Cocktailkirsche

Was Sie sonst noch brauchen:
Eiswürfel, Shaker, Barsieb, 1 Old-Fashioned-Glas, Cocktailspieß, 2 kurze Trinkhalme

1. *Einige Eiswürfel und alle Zutaten in den Shaker geben. Alles kräftig schütteln und durch das Barsieb in das Old-Fashioned-Glas auf weitere Eiswürfel abgießen.*
2. *Die Zitronenscheibe und die Cocktailkirsche auf den Spieß stecken und mit den beiden kurzen Trinkhalmen ins Glas geben.*

Die schottische Version des berühmten Manhattan – ideal für Pur-Genießer. Rob Roy ist auch »on the rocks« mit Eiswürfeln im Glas sehr beliebt.

Harter Scotch in einer überraschend weichen Mischung. Whisky-Sour-Trinker sollten zur Abwechslung mal Scottish Surprise probieren.

Highlander

Zutaten für 1 Drink:
5 cl Johnnie Walker Scotch Whisky
2 cl Drambuie
2 cl Orangensaft
1 cl Zitronensaft

Zum Garnieren:
1 Orangenscheibe (Schale unbehandelt),
1 Cocktailkirsche

Was Sie sonst noch brauchen:
Eiswürfel, Shaker, Barsieb, 1 Cocktailschale, Cocktailspieß

1. Einige Eiswürfel und alle Zutaten in den Shaker geben. Das Ganze kräftig schütteln und durch das Barsieb in die Cocktailschale abgießen.
2. Die Orangenscheibe an den Glasrand hängen und die Cocktailkirsche mit dem Spieß daranstecken.

Highlander – ein gehaltvoller Cocktail. Gemixt aus Scotch Whisky und Drambuie, abgerundet mit Säften.

Golden Oldie

Zutaten für 1 Drink:
3 cl Scotch Whisky
3 cl Galliano
3 cl Orangensaft
3 cl Sahne

Zum Garnieren:
Schokoladenraspel

Was Sie sonst noch brauchen:
Eiswürfel, Shaker, Barsieb, 1 Cocktailschale

1. *Einige Eiswürfel und alle Zutaten in den Shaker geben. Das Ganze kräftig schütteln und durch das Barsieb in die Cocktailschale abgießen.*
2. *Den Drink mit Schokoladenraspeln bestreuen.*

Golden Oldie: Scotch ladylike schmeckt in dieser Komposition samtig und weich.

BOURBON WHISKEY

Die Geschichte des amerikanischen Whiskey hängt eng mit der Besiedelung der »Neuen Welt« durch europäische Einwanderer zusammen. Schotten und Iren brannten in ihrer neuen Heimat bereits im 17. Jahrhundert für ihren Eigenbedarf Getreide. Der erste in Amerika hergestellte Whiskey war der »Rye« (Roggen). Er wurde bereits einige Jahrzehnte vor der Erschließung derjenigen Gebiete, in denen heute die meisten Destillerien ansässig sind, an der Ostküste hergestellt. Destilliert wurde in den aus der Heimat bekannten Brennanlagen. Der Ursprung des heute so bekannten Bourbon Whiskey liegt im Scott County, dem zum Staat Virginia gehörenden Teil des Bourbon County. Da im westlichen Nachbarstaat Kentucky ein Whiskey von ähnlicher Qualität hergestellt wurde, schuf man die gemeinsame Bezeichnung »Kentucky Bourbon Whiskey«. Dadurch wollte man sich von den Roggen-Destillaten aus Pennsylvania und den Whiskeys der illegalen Brenner unterscheiden. Neben dem Kernland Kentucky wird auch in anderen Bundesstaaten, zum Beispiel in Tennessee, Bourbon Whiskey hergestellt.

Dallas

Bourbon Whiskey besteht zu mindestens 51% aus Mais und wird erst nach mehr als zweijähriger Lagerung in innen angekohlten Eichenholzfässern auf Flaschen gefüllt. Die meisten Bourbon Whiskeys jedoch werden auf dem Höhepunkt ihrer Reife, nach vier- bis achtjähriger Lagerung angeboten.
Es gibt weit über 1000 amerikanische Whiskey-Marken. Sie sind die meistgetrunkenen Spirituosen der Welt.
Die größte Premium-Marke ist Jack Daniel's. Dieser Whiskey, auf dessen Etikett der Hinweis auf Bourbon fehlt und der sich als Tennessee Whiskey bezeichnet, wird in der ältesten, bereits 1866 registrierten Destillerie in Lynchburg/Tennessee hergestellt. Jack Daniel's Whiskey wird über Ahornholzkohle gefiltert und erst nach mindestens fünfjähriger Lagerung in Eichenholzfässern abgefüllt. Jack Daniel, dessen Eltern aus Schottland stammten, wurde 1846 in der Nähe von Lynchburg geboren und übernahm bereits in jungen Jahren die Destillerie. 1895 begann man, Jack Daniel's Whiskey auf Flaschen abzufüllen und entschied sich dabei für eine altmodische, eckige Flaschenform, die bis heute beibehalten wurde.
Bourbon Whiskey ist sehr weich und eignet sich deshalb hervorragend zum Mixen. Sie können ihn pur, on the rocks, mit klarem Wasser, Soda, Cola, Seven up, Sprite oder Ginger Ale trinken oder, raffiniert verpackt, in einem der folgenden Mixdrinks.

Zutaten für 1 Drink:
3 cl Bourbon Whiskey
2 cl Bols Apricot Brandy
4 cl Maracujanektar
1 cl Zitronensaft

Zum Garnieren:
1 Aprikosenstück, 1 Cocktailkirsche

Was Sie sonst noch brauchen:
Eiswürfel, Shaker, Barsieb, 1 mittelgroßes Stielglas oder 1 Champagnertulpe, Cocktailspieß

***1.** Einige Eiswürfel und alle Zutaten in den Shaker geben. Das Ganze kräftig schütteln und durch das Barsieb ins Glas abseihen.*
***2.** Das Aprikosenstück an den Glasrand hängen und die Kirsche mit dem Cocktailspieß daranstecken.*

Lieber Dallas sehen oder Dallas trinken? Auch eingeschworene Gegner der Fernsehserie werden bei diesem fruchtig-runden Whiskey-Drink zu Dallas-Fans.

Whiskey Sour

Zutaten für 1 Drink:
5 cl Jack Daniel's Whiskey
3 cl Zitronensaft
1–2 cl Zuckersirup

Zum Garnieren:
1 Cocktailkirsche, ½ Orangenscheibe (Schale unbehandelt)

Was Sie sonst noch brauchen:
Eiswürfel, Shaker, Barsieb, 1 mittelgroßes Stielglas oder 1 Champagnertulpe, Cocktailspieß

1. Einige Eiswürfel und alle Zutaten im Shaker kräftig schütteln und durch das Barsieb ins Glas abgießen.
2. Die Cocktailkirsche und die halbe Orangenscheibe auf den Spieß stecken und diesen über den Glasrand legen.

Old Fashioned

Zutaten für 1 Drink:
1 Stück Würfelzucker
2 Spritzer Angostura
5 cl Jack Daniel's Whiskey

Zum Garnieren:
je ½ Orangen- und Zitronenscheibe (Schalen unbehandelt), einige Cocktailkirschen

Was Sie sonst noch brauchen:
1 Old-Fashioned-Glas, klares Wasser, Barlöffel, Eiswürfel, Cocktailspieß

1. Den Würfelzucker in das Old-Fashioned-Glas geben und mit Angostura tränken. Etwas klares Wasser dazugeben und den Würfelzucker mit dem Barlöffel zerdrücken.
2. Das Glas mit Eiswürfeln füllen und den Bourbon Whiskey dazugießen.
3. Mit dem Barlöffel umrühren, die halbe Orangenscheibe und die Kirsche auf den Spieß stecken und mit der halben Zitronenscheibe und den übrigen Kirschen ins Glas geben.

Pelican

Zutaten für 1 Drink:
3 cl Bourbon Whiskey
1 cl Cointreau
6 cl Orangensaft
1 cl Zitronensaft
1 cl Zuckersirup

Zum Garnieren:
1 Cocktailkirsche

Was Sie sonst noch brauchen:
Eiswürfel, Shaker, Barsieb, 1 Cocktailschale, Cocktailspieß

1. Einige Eiswürfel und alle Zutaten im Shaker kräftig schütteln und durch das Barsieb in die Cocktailschale abgießen.
2. Die Cocktailkirsche auf den Spieß stecken und diesen ins Glas geben.

Pelican — Whiskey Sour

Mint Julep

Zutaten für 1 Drink:
einige Zweige frische Minze
1 cl Zuckersirup
2 cl klares Wasser
10 cl Jack Daniel's Whiskey

Zum Garnieren:
2 Zweige frische Minze, Puderzucker

Was Sie sonst noch brauchen:
1 großes, hohes Glas, Barlöffel, gestoßenes Eis, 2 Trinkhalme, Schere

1. Etwa 10 Minzeblätter, den Zuckersirup und das Wasser ins Glas geben. Die Minze zerdrücken, alles gut umrühren.
2. Das Glas halb mit Eis füllen und rühren, bis es beschlagen ist. Den Whiskey zugießen und nochmals rühren.
3. Zwei Minzezweige befeuchten, die Blätter jeweils 2mal einritzen und mit Puderzucker bestäuben. An die Glaswand stellen und das Glas mit Eis auffüllen. Noch einmal umrühren und dabei die Minzezweige festhalten.
4. Die Trinkhalme in den Julep stecken und 2 cm über der Minze abschneiden.

Kentucky Peach

Zutaten für 1 Drink:
4 cl Bourbon Whiskey
1 cl Grenadinesirup
1 cl Zitronensaft
8 cl Pfirsichnektar

Zum Garnieren:
Pfirsichstücke und Cocktailkirschen

Was Sie sonst noch brauchen:
Eiswürfel, Shaker, Barsieb, 1 mittelgroßes Stielglas oder 1 Champagnerkelch, Cocktailspieß, 1 Trinkhalm

1. Eiswürfel und alle Zutaten in den Shaker geben. Das Ganze kräftig schütteln und durch das Barsieb ins Glas abseihen.
2. Die Pfirsichstücke und Cocktailkirschen auf den Spieß stecken und diesen über den Glasrand legen. Den Trinkhalm ins Glas geben.

Old Fashioned

Kentucky Peach

Mint Julep

Louisiana Sour

Zutaten für 1 Drink:
4 cl Bourbon Whiskey
1 cl Cointreau
1 cl Maracujasirup
4 cl Ananassaft

Zum Garnieren:
1 Ananasstück, 1 Cocktailkirsche

Was Sie sonst noch brauchen:
Eiswürfel, Shaker, Barsieb, 1 mittelgroßes Stielglas oder 1 Champagnertulpe, Cocktailspieß, 1 Trinkhalm

1. Eiswürfel und alle Zutaten in den Shaker geben. Das Ganze kräftig schütteln und durch das Barsieb ins Glas abgießen.
2. Das Ananasstück an den Glasrand hängen und die Kirsche mit dem Cocktailspieß daranstecken. Den Trinkhalm ins Glas geben.

Louisiana liegt im Süden der USA – von den Ingredienzen her ist diese feine Variante des Whiskey-Sour aber fast schon ein Tropendrink.

Horse's Neck

Zutaten für 1 Drink:
6 cl Bourbon Whiskey
2 Spritzer Angostura
0,2 l Ginger Ale

Zum Garnieren:
1 Zitronenspirale (Schale unbehandelt)

Was Sie sonst noch brauchen:
Eiswürfel, 1 bauchiges, großes Glas oder 1 Fantasyglas für exotische Drinks, 2 Trinkhalme

1. Einige Eiswürfel ins Glas geben.
2. Die Zitronenspirale dazugeben und ein Ende über den Glasrand heraushängen lassen.
3. Den Bourbon Whiskey und den Angostura ins Glas gießen und mit dem Ginger Ale auffüllen.
4. Die beiden Trinkhalme ins Glas stellen.

Horse's Neck – hocharomatisch und erfrischend. Eine interessante Bourbon-Ginger-Variante.

Colonel Collins

Zutaten für 1 Drink:
5 cl Bourbon Whiskey
3 cl Zitronensaft
2 cl Zuckersirup
Sodawasser

Zum Garnieren:
½ Zitronenscheibe (Schale unbehandelt),
1 Cocktailkirsche

Was Sie sonst noch brauchen:
Eiswürfel, Shaker, Barsieb, 1 Longdrinkglas, 2 Trinkhalme

1. Einige Eiswürfel und alle Zutaten außer Sodawasser in den Shaker geben. Das Ganze kräftig schütteln und durch das Barsieb in das Longdrinkglas auf weitere Eiswürfel abgießen.
2. Auf das im Shaker verbliebene Eis etwas Sodawasser geben und damit den Drink auffüllen.
3. Die Trinkhalme, die halbe Zitronenscheibe und die Cocktailkirsche ins Glas geben.

Die Bourbon-Variante des berühmten Collins. Ursprünglich mit Gin gemixt, werden Collins heute mit fast allen destillierten Spirituosen zubereitet.

Kick in the Pants

Zutaten für 1 Drink:
2 cl Bourbon Whiskey
2 cl Cognac
2 cl Cointreau
2 cl Zitronensaft

Zum Garnieren:
1 Limonenscheibe (Schale unbehandelt),
1 Cocktailkirsche

Was Sie sonst noch brauchen:
Eiswürfel, Shaker, Barsieb, 1 mittelgroßes Stielglas oder 1 Champagnerkelch, Cocktailspieß, 2 kurze Trinkhalme

1. Einige Eiswürfel und alle Zutaten in den Shaker geben. Das Ganze kräftig schütteln und durch das Barsieb ins Glas abseihen.
2. Die Limonenscheibe und die Cocktailkirsche auf den Cocktailspieß stecken und diesen über den Glasrand legen.
3. Die beiden kurzen Trinkhalme ins Glas geben.

Kick in the Pants – keine Angst, dieser Drink ist längst nicht so hart wie sein Name. Er ist im Gegenteil ein raffinierter Verführer.

IRISH WHISKEY

Die Geschichte des irischen Whiskey verlief ähnlich wie die des Scotch Whisky. Auch in den dünnbesiedelten Gebieten Irlands gab es viele kleine, meist nur für den Hausgebrauch arbeitende Brennereien. Im Gegensatz zum schottischen Verfahren wird das gekeimte Getreide nie über Torffeuer getrocknet, sondern ausschließlich über Kohlefeuer. Außerdem wird nicht nur gemälzte, sondern eine Mischung aus gemälzter und ungemälzter Gerste verarbeitet. Es darf auch ungemälzter Hafer, Weizen und Roggen verwendet werden. Für Irish Whiskey ist auch eine dreifache Destillation vorgeschrieben.
In Irland ist die Faßlagerung von entscheidender Bedeutung für die Qualität. Man legt großen Wert darauf, daß durch die Lagerung in verschiedenen Faßqualitäten auch unterschiedliche Whiskeys heranreifen. Gesetzlich angeordnet ist eine Lagerzeit von mindestens drei Jahren; meistens jedoch ist eine längere Lagerzeit üblich. Nach der Reifung in Fässern folgt das »Blending«, bei dem in Irland nur die Whiskeys verschiedener Faßtypen und unterschiedlicher Jahrgänge gemischt werden.
Eine herausragende Stellung unter den Whiskeyherstellern der Insel nimmt die Old Bushmills Distillery ein. Sie erhebt den Anspruch, die älteste Whiskeybrennerei der Welt zu sein, denn sie wurde in alten Urkunden schon 1272 erwähnt. Bushmills Original-Brenngenehmigung stammt aus dem Jahre 1608, und 1784 wurde Old Bushmills Company offiziell registiert. Die Brennerei liegt an der Nordküste Nordirlands. Der Whiskey von Bushmills unterscheidet sich von anderen: Er ist immer ein Blend (Mischung) eines einzigen Malz- mit einem einzigen Korn-Whiskey.
Der Black Bush Special Old Irish Whiskey ist der Premium Blend Whiskey von Old Bushmills, er wird etwa sechs Jahre in Sherryfässern gelagert. Bushmills Single Malt Whiskey 10 years old (Single = aus einem einzigen Destilliervorgang) ist der einzige seiner Art auf der grünen Insel. Man trinkt Irish Whiskey pur, begleitet von einem Glas klarem Wasser. Der etwas rauchigere Whiskeytyp ergibt beim Mixen eine interessante Geschmackskomponente. Unersetzbar ist Irish Whiskey für die Zubereitung des berühmten Irish Coffee.

Irish Coffee

Zutaten für 1 Drink:
4 cl Irish Whiskey
1–2 Teel. brauner Zucker
1 Tasse heißer Kaffee (1/8 l)
2 gehäufte Eßl. leicht geschlagene Sahne

Was Sie sonst noch brauchen:
1 Irish-Coffee-Glas oder 1 Stielglas mit etwa 0,2 l Inhalt, Barlöffel

1. Das Glas vorwärmen, indem man heißes Wasser hineinfließen läßt. Das Wasser wieder ausgießen, dann den Whiskey, den Zucker und den Kaffee ins Glas geben.
2. Alles gut rühren, bis sich der Zucker aufgelöst hat.
3. Mit Hilfe des Barlöffels die leicht geschlagene Sahne als Haube auf den Drink setzen.

Irish Coffee – man kennt und liebt ihn. Wer ihn noch nie getrunken hat, muß dies jetzt unbedingt nachholen.

Irish Lady

Zutaten für 1 Drink:
4 cl Irish Whiskey
2 cl Bols Apricot Brandy
2 cl Zitronensaft
1 cl Erdbeersirup
Tonic Water

Zum Garnieren:
1 Erdbeere

Was Sie sonst noch brauchen:
Eiswürfel, Shaker, Barsieb, 1 Longdrinkglas, 2 Trinkhalme

1. Einige Eiswürfel und alle Zutaten außer Tonic Water in den Shaker geben. Das Ganze kräftig schütteln und durch das Barsieb in das Longdrinkglas auf einige Eiswürfel abgießen.
2. Etwas Tonic Water auf das verbliebene Eis im Shaker geben und damit den Drink auffüllen.
3. Die Erdbeere an den Glasrand stecken und die Trinkhalme in den Drink geben.

Irish Lady – ein interessant herber und prickelnder Drink.

Morning Dew

Zutaten für 1 Drink:
4 cl Irish Whiskey
2 cl Bols Blue Curaçao
6 cl Maracujanektar
1/2 Eiweiß
einige Tropfen Zitronensaft
1 Spritzer Angostura

Zum Garnieren:
1 Orangenscheibe (Schale unbehandelt),
1 Cocktailkirsche

Was Sie sonst noch brauchen:
Eiswürfel, Shaker, Barsieb, 1 Old-Fashioned-Glas, Cocktailspieß

1. *Einige Eiswürfel und alle Zutaten in den Shaker geben. Das Ganze kräftig schütteln und durch das Barsieb in das Old-Fashioned-Glas auf weitere Eiswürfel abgießen.*
2. *Die Orangenscheibe an den Glasrand hängen und die Kirsche mit dem Cocktailspieß daranstecken.*

Irish Mink

Zutaten für 1 Drink:
4 cl Irish Whiskey
1 cl Bols Curaçao Triple Sec
3 cl Bols Crème de Cacao, braun
6 cl Sahne

Zum Garnieren:
Kakaopulver

Was Sie sonst noch brauchen:
Eiswürfel, Shaker, Barsieb, 1 mittelgroßes Stielglas oder 1 Champagnerkelch

1. *Einige Eiswürfel und alle Zutaten in den Shaker geben. Das Ganze kräftig schütteln und durch das Barsieb ins Glas abgießen.*
2. *Den Drink mit Kakaopulver bestreuen.*

Morning Dew – der Morgentau auf grüner Wiese – ist nicht ganz so harmlos wie sein Name.

Mink ist der Nerz – und ebenso samtig und weich wie dieses schöne Tier ist auch der Drink Irish Mink. Aber Vorsicht – er hat es in sich!

Die Entwicklung der kanadischen Whiskyproduktion ist mit der der USA vergleichbar, begann jedoch wesentlich später. Zur Herstellung des kanadischen Whisky werden im allgemeinen die gleichen Ausgangsprodukte wie für die amerikanischen Whiskeys verwendet, nämlich Roggen und Mais. Canadian Whisky gilt wegen seines besonderen Herstellungsverfahrens als der »sauberste« Whisky: Nach zwei Brennvorgängen, denen eine Spezialbehandlung der Getreidemaische vorangegangen ist, erhält man ein sehr reines Destillat.

Im Gegensatz zum amerikanischen Bourbon Whiskey wird der kanadische nicht nur in innen ausgekohlten, sondern auch in frischen Eichenholzfässern gelagert. Die Reifezeit beträgt mindestens zwei, meist jedoch fünf bis sechs Jahre für die Standardsorten. Sämtliche kanadischen Whiskys sind »Blends«, Mischungen verschiedener Whiskys. Der Geschmacksgeber ist der Rye Whisky (aus Roggen). Eine der führenden kanadischen Whiskymarken ist der sechs Jahre gealterte Seagram's V.O. (V.O. steht für very old). Seine Grundstoffe sind Mais, Weizen und Roggen. Bereits 1857 hatte Joseph E. Seagram in Waterloo/Ontario in einer alten Mühle damit begonnen, Whisky zu brennen. Heute ist die Firma Distiller's Corp. Seagram's Ltd. einer der größten Spirituosenkonzerne der Welt.

Canadian Whisky hat von allen Whiskytypen den leichtesten und zartesten Geschmack. Er wird vielfach wie Scotch getrunken, eignet sich aber genausogut für die verschiedensten Mixgetränke.

Manhattan

Zutaten für 1 Drink:
4 cl Canadian Whisky
2 cl Vermouth Rosso
2 Spritzer Angostura

Zum Garnieren:
1 Cocktailkirsche

Was Sie sonst noch brauchen:
Eiswürfel, Rührglas, Barlöffel, Barsieb, 1 Cocktailglas oder -schale, Cocktailspieß

1. Einige Eiswürfel und alle Zutaten in das Rührglas geben. Alles mit dem Barlöffel gut vermischen und durch das Barsieb in das Cocktailglas abseihen.
2. Die Kirsche auf den Cocktailspieß stecken und in den Drink geben.

Manhattan ist nach dem Martini Cocktail der berühmteste Short-Drink. Ein Klassiker, der weltweit mit den gleichen Zutaten gemixt wird.

Smooth Canadian

Zutaten für 1 Drink:
4 cl Canadian Whisky
2 cl Cointreau
4 cl Kirschsaft
2 cl Rose's Lime Juice

Zum Garnieren:
½ Zitronenscheibe (Schale unbehandelt), 1 Cocktailkirsche

Was Sie sonst noch brauchen:
Eiswürfel, Shaker, Barsieb, 1 Old-Fashioned-Glas, Cocktailspieß, 2 kurze Trinkhalme

1. Einige Eiswürfel und alle Zutaten in den Shaker geben. Das Ganze kräftig schütteln und durch das Barsieb in das Old-Fashioned-Glas auf weitere Eiswürfel abseihen.
2. Die halbe Zitronenscheibe und die Kirsche auf den Cocktailspieß stecken und diesen ins Glas geben. Die beiden kurzen Trinkhalme dazugeben.

Smooth Canadian – Kirschsaft und Cointreau machen aus dem harten Canadian einen weichen Drink. Aber aufgepaßt: Er hat's noch immer in sich.

Lady's Dream

Zutaten für 1 Drink:
3 cl Canadian Whisky
3 cl Cointreau
2 cl Erdbeersirup
3 cl Ananassaft
3 cl Sahne

Zum Garnieren:
2 Erdbeeren

Was Sie sonst noch brauchen:
Eiswürfel, Shaker, Barsieb, 1 Cocktailschale

***1.** Einige Eiswürfel und alle Zutaten in den Shaker geben. Das Ganze kräftig schütteln und durch das Barsieb in die Cocktailschale abseihen.*
***2.** Die beiden Erdbeeren an den Glasrand stecken.*

Lady's Dream – süß, cremig und zum Träumen. Je mehr die Lady davon nippt, um so bunter und überraschender werden ihre Träume.

Whisky Flip

Zutaten für 1 Drink:
5 cl Canadian Whisky
1 cl Zuckersirup
2 cl Sahne
1 Eigelb

Zum Garnieren:
Muskatnuß, frisch gerieben

Was Sie sonst noch brauchen:
Eiswürfel, Shaker, Barsieb, 1 mittelgroßes Stielglas oder 1 Champagnerkelch

***1.** Einige Eiswürfel und alle Zutaten in den Shaker geben. Das Ganze kurz und kräftig schütteln (um den Flip nicht zu verwässern) und durch das Barsieb ins Glas abseihen.*
***2.** Den fertigen Drink mit Muskat bestreuen.*

Whisky Flip – ein etwas »härterer« Flip. Serviert mit einem Hauch Muskat.

Canadian Cherry

Zutaten für 1 Drink:
4 cl Canadian Whisky
2 cl Bols Cherry Brandy
2 cl Zitronensaft
2 cl Orangensaft

Zum Garnieren:
1 Orangenscheibe (Schale unbehandelt),
1 Cocktailkirsche

Was Sie sonst noch brauchen:
Eiswürfel, Shaker, Barsieb, 1 mittelgroßes Stielglas oder 1 Champagnerkelch, Cocktailspieß

***1.** Einige Eiswürfel und alle Zutaten in den Shaker geben. Das Ganze kräftig schütteln und durch das Barsieb ins Glas abseihen.*
***2.** Die Orangenscheibe an den Glasrand hängen und die Kirsche mit dem Cocktailspieß daranstecken oder auf dem Spieß über den Glasrand legen.*

Canadian Cherry – klein, pink und fruchtig, eine gelungene Mischung mit Whisky und Kirsch.

Ward Eight

Zutaten für 1 Drink:
5 cl Canadian Whisky
2 cl Zitronensaft
2 cl Orangensaft
1 cl Grenadinesirup

Zum Garnieren:
1 Zitronenscheibe (Schale unbehandelt)

Was Sie sonst noch brauchen:
Eiswürfel, Shaker, Barsieb, 1 ballonförmiges, mittelgroßes Stielglas oder 1 Champagnerkelch, 2 kurze Trinkhalme

***1.** Einige Eiswürfel und alle Zutaten in den Shaker geben. Das Ganze kräftig schütteln und durch das Barsieb ins Glas abgießen.*
***2.** Die Zitronenscheibe an den Glasrand stecken und die beiden kurzen Trinkhalme ins Glas geben.*

Ward Eight – diese milde Whisky-Sour-Variante können Sie zu allen Gelegenheiten servieren.

CALVADOS

Calvados ist ein Apfelbrand aus Frankreich. Seine Heimat ist die Normandie. Bereits die Römer berichteten von den wildwachsenden Apfelbäumen, die im feuchten Golfstrom-Klima prächtig gediehen. Schon früh preßten die Bauern Saft aus ihren Äpfeln und ließen ihn zu Wein vergären. Aus der Zeit Kaiser Karls des Großen (742-814) stammen die ersten Verordnungen über Anpflanzung und Pflege der Apfelbäume und die Herstellung von Apfelwein.
Der hochprozentige Bruder des Apfelweins ist der Apfelbrand. Er wird erstmals 1553 erwähnt. Calvados heißt der Apfelbrand erst seit dem 19. Jahrhundert. Er ist benannt nach einem Département, aus dem ein Teil der Calvadosproduktion kommt. Entsprechend einem Gesetz von 1942 dürfen sich nur die Apfelbrände Calvados nennen, die aus einem genau abgegrenzten Gebiet der Normandie (Département Calvados und zehn andere Départements) stammen und nach bestimmten Destilliermethoden gebrannt worden sind. Das ist der Calvados mit gesetzlich geregelter Herkunftsbezeichnung (Appellation Calvados controlée). Es gibt aber noch einen anderen, den berühmtesten Calvados, der aus dem zwölften Département, dem Pays d'Auge, stammt. Er allein darf sich Calvados mit kontrollierter Ursprungsbezeichnung (Appellation Calvados du Pays d'Auge controlée) nennen. Für diesen besonderen Calvados darf nur Apfelwein gebrannt werden, der aus dem Gebiet Pays d'Auge stammt, und er muß auch innerhalb dieser Grenzen nach einem anderen Brennverfahren destilliert werden. Bei beiden Calvadostypen erhält man nach dem Brennen eine wasserhelle Flüssigkeit mit hohem Alkoholgehalt. Seinen Charakter aber bekommt der Calvados durch die Lagerung in Eichenholzfässern. Nach mindestens zweijähriger Alterung kann Calvados verkauft werden. Meist aber dauert die Reifezeit bis zu fünf oder mehr

Sir Henry

Jahren. Vor der Abfüllung auf Flaschen werden gut aufeinander abgestimmte Destillate miteinander vermischt. Diese Cuvées garantieren über Jahre hinweg eine gleichmäßige Qualität.
Einen der großen Namen repräsentiert die Marke Dauphin. Hersteller ist die Destillerie Normande du Calvados Dauphin in Coquainvilliers, im Herzen des Pays d'Auge. Mit Calvados Dauphin, Calvados Dauphin Vieille Réserve und Calvados Dauphin Très Vieille Fine – Hors d'Age werden vom jungen, frischen Calvados mit ausgeprägtem Apfelbukett bis hin zum vollmundigen, lange gelagerten Brand ausgezeichnete Calvados für jeden Geschmack angeboten. Calvados trinkt man wie Cognac zum Abschluß eines Essens. Zum Mixen eignet sich Calvados wegen seiner Anpassungsfähigkeit an Liköre, Säfte, Sirups und Sahne ausgezeichnet.

Zutaten für 1 Drink:
3 cl Calvados
2 cl Peach Brandy oder Pfirsichlikör
3 cl Orangensaft
eiskalter, trockener Champagner

Zum Garnieren:
Pfirsichstücke und Cocktailkirschen

Was Sie sonst noch brauchen:
Eiswürfel, Shaker, Barsieb, 1 Champagnerkelch oder -tulpe, Cocktailspieß

***1.** Einige Eiswürfel und alle Zutaten außer Champagner in den Shaker geben. Alles kräftig schütteln und durch das Barsieb ins Glas abseihen.*
***2.** Das Glas mit Champagner auffüllen.*
***3.** Die Pfirsichstücke und Cocktailkirschen auf den Spieß stecken und diesen über den Glasrand legen.*

»Sir Henry« – noblesse oblige. Ein Luxusdrink für die feine Gesellschaft.

Calvados-Cocktail

Zutaten für 1 Drink:
4 cl Calvados
1 cl Cointreau
4 cl Orangensaft
1 cl Pfirsichsirup

Zum Garnieren:
1 Apfelstück, 1 Cocktailkirsche

Was Sie sonst noch brauchen:
Eiswürfel, Shaker, Barsieb, 1 Cocktailschale, Cocktailspieß

1. *Einige Eiswürfel und alle Zutaten in den Shaker geben. Das Ganze kräftig schütteln und durch das Barsieb in die Cocktailschale abseihen.*
2. *Das Apfelstück an den Glasrand hängen und die Kirsche mit dem Cocktailspieß daranstecken.*

Calvados-Cocktail – herb, süß und klassisch, der passende Short-Drink für zwischendurch.

White Ocean

Zutaten für 1 Drink:
3 cl Calvados
3 cl Cointreau
3 cl Ananassaft
3 cl Sahne

Zum Garnieren:
Schokoraspel

Was Sie sonst noch brauchen:
Eiswürfel, Shaker, Barsieb, 1 Cocktailschale

1. *Einige Eiswürfel und alle Zutaten in den Shaker geben. Das Ganze kräftig schütteln und durch das Barsieb in die Cocktailschale abgießen.*
2. *Den fertigen Drink mit Schokoraspeln bestreuen.*

White Ocean – ein aparter, cremig-sanfter Damen-Drink.

Jack Rose

Zutaten für 1 Drink:
5 cl Calvados
3 cl Zitronensaft
1 cl Grenadinesirup

Was Sie sonst noch brauchen:
Eiswürfel, Shaker, Barsieb, 1 Cocktailglas

1. Einige Eiswürfel und alle Zutaten in den Shaker geben.
2. Das Ganze kräftig schütteln und durch das Barsieb in das Cocktailglas abseihen.

Jack Rose – ein köstlicher Short-Drink-Klassiker auf Calvados-Basis. In den Bars nach wie vor ein großer Hit.

Jack Dempsey

Zutaten für 1 Drink:
2 cl Calvados
2 cl Gin
2 cl Bols Triple Sec Curaçao
2 cl Zitronensaft
1 cl Grenadinesirup
einige Tropfen Pernod

Zum Garnieren:
2 blaue Weintrauben

Was Sie sonst noch brauchen:
Eiswürfel, Shaker, Barsieb, 1 Old-Fashioned-Glas, 2 kurze Trinkhalme

1. Einige Eiswürfel und alle Zutaten in den Shaker geben. Das Ganze kräftig schütteln und durch das Barsieb in das Old-Fashioned-Glas auf weitere Eiswürfel abgießen.
2. Die beiden blauen Trauben an den Glasrand stecken und die kurzen Trinkhalme ins Glas geben.

Angst vor einem blauen Auge brauchen Sie bei diesem Drink nicht zu haben, der nach dem Boxweltmeister Jack Dempsey benannt ist.

TEQUILA

Tequila, Mexikos Nationalgetränk, fristete bei uns viele Jahre lang ein kaum beachtetes Dasein. Erst der Mexiko-Tourismus und völkerverbindende Ereignisse wie die Fußballweltmeisterschaft 1986 im Heimatland des Tequila verhalfen dieser Spezialität zu mehr Publicity.
Eine einzige der vielen Agavenarten, die »Tequilana Weber«, liefert den Rohstoff für Tequila, dessen Hauptanbaugebiet der mexikanische Bundesstaat Jalisco mit dem Städtchen Tequila ist. Tequila kommt weiß und braun in den Handel. Die weißen Sorten werden gleich nach der Destillation abgefüllt und behalten dadurch ihr wasserhelles Aussehen und den frischen, erdigen Geschmack. Die goldgelben Tequila erhalten während ihrer ein- bis dreijährigen Lagerung im Eichenfaß ihre Farbe und ein schweres, fast rauchiges Aroma.
Die Mexikaner trinken Tequila am liebsten pur. Dazu streuen sie eine Prise Salz auf die Fläche zwischen Daumen und Zeigefinger der leicht geballten Faust und tupfen es mit der Zunge auf. Im Mund steckt ein Zitronenschnitz, und sein Saft vermischt sich mit dem Salz. Diese ungewöhnliche Geschmackskombination wird mannhaft heruntergeschluckt, und danach kommt ein kräftiger Schluck gekühlter Tequila. Aber auch als Basis aparter Drinks ist Tequila sehr beliebt. Kein Tequila-Fan, der nicht schon die weltbekannten Drinks Margarita und Tequila Sunrise probiert hätte.
Einer der großen Tequilahersteller ist die mexikanische Destillerie La Primavera in Atotonilco el Alto im Bundesstaat Jalisco. La Primavera bietet unter dem Markennamen Montezuma einen weißen Tequila mit 38% Vol. und mit Aztec Gold einen 40%igen goldfarbenen Tequila an. Beide Sorten sind international auf allen großen Märkten vertreten, und in den USA präsentiert sich Montezuma als die Nr. 2. Die große Nachfrage nach Sortenvielfalt bewog die Hersteller, Montezuma auch nach Deutschland zu importieren.

Montezuma
70 cl e
38% vol

Margarita

Zutaten für 1 Drink:
4 cl Tequila
2 cl Cointreau
2 cl Zitronensaft

Zum Garnieren:
¼ Zitrone, Schälchen, gefüllt mit Salz

Was Sie sonst noch brauchen:
1 Cocktailschale, Shaker, Eiswürfel, Barsieb

1. Den Rand einer Cocktailschale in dem Zitronenviertel drehen und in die mit Salz gefüllte Schale tupfen. Das nicht haftende Salz durch leichtes Klopfen am Glas entfernen.
2. Den unteren Teil des Shakers halb mit Eiswüfeln füllen. Alle Zutaten dazugeben und kräftig schütteln.
3. Den Inhalt des Shakers durch das Barsieb in das vorbereitete Glas abgießen.

Strawberry Margarita

Zutaten für 1 Drink:
4 cl Tequila weiß
2 cl Cointreau
2 cl Zitronensaft
2 cl Erdbeersirup
3–5 Erdbeeren

Zum Garnieren:
¼ Zitrone, Schälchen, gefüllt mit Zucker, 1 Erdbeere

Was Sie sonst noch brauchen:
1 Cocktailschale, Elektromixer, Eiswürfel, Shaker, Barsieb

1. Den Rand der Cocktailschale in dem Zitronenviertel drehen und in die mit Zucker gefüllte Schale tupfen.
2. Alle Zutaten im Elektromixer gut durchmixen. Einige Eiswürfel in den Shaker geben und die Mischung aus dem Elektromixer dazugießen. Alles kräftig schütteln und durch das Barsieb ins Glas gießen.
3. Die Erdbeere an den Glasrand stecken.

Poolside Tropical

Zutaten für 1 Drink:
4 cl Gold Tequila
1 cl Bols Blue Curaçao
1 cl Malibu Kokoslikör
8 cl Orangensaft

Zum Garnieren:
Kiwischeiben, Bananenstücke, Cocktailkirschen

Was Sie sonst noch brauchen:
Eiswürfel, Shaker, Barsieb, 1 Old-Fashioned-Glas, Cocktailspieß, 2 kurze Trinkhalme

1. Einige Eiswürfel und alle Zutaten im Shaker kräftig schütteln und durch das Barsieb ins Glas auf weitere Eiswürfel abgießen.
2. Kiwischeiben, Bananenstücke und Kirschen auf den Cocktailspieß stecken und diesen über den Glasrand legen. Die beiden kurzen Trinkhalme ins Glas geben.

Tequila Sunrise

Zutaten für 1 Drink:
6 cl weißer Tequila
1 cl Zitronensaft
12 cl Orangensaft
1–2 cl Grenadinesirup

Zum Garnieren:
1 Orangenscheibe (Schale unbehandelt)

Was Sie sonst noch brauchen:
Eiswürfel, Shaker, Barsieb, 1 Longdrinkglas, 2 Trinkhalme, Stirer

1. *Einige Eiswürfel und alle Zutaten außer Grenadinesirup im Shaker kräftig schütteln und durch das Barsieb in das Longdrinkglas auf weitere Eiswürfel abgießen.*
2. *Die Orangenscheibe an den Glasrand stecken. Die Trinkhalme und den Stirer ins Glas geben.*
3. *Den Grenadine-Sirup langsam auf den fertigen Drink gießen. Vor dem Trinken vorsichtig in einer Spirale von unten nach oben rühren.*

Mexican Sunset

Zutaten für 1 Drink:
3 cl weißer Tequila
2 cl Cointreau
3 cl Orangensaft
1 cl Zitronensaft
1 cl Orgeat (Mandelsirup)

Zum Garnieren:
1 Limonenscheibe (Schale unbehandelt),
1 Cocktailkirsche

Was Sie sonst noch brauchen:
Eiswürfel, Shaker, Barsieb, 1 Old-Fashioned-Glas, Cocktailspieß, 2 kurze Trinkhalme

1. *Einige Eiswürfel und alle Zutaten im Shaker kräftig schütteln und durch das Barsieb ins Glas auf weitere Eiswürfel abgießen.*
2. *Die Limonenscheibe an den Glasrand hängen, die Kirsche mit dem Cocktailspieß daranstecken oder mit den Trinkhalmen ins Glas geben.*

Tequila Sunrise

Mexican Sunset

Strawberry Margarita

Eldorado

Zutaten für 1 Drink:
5 cl weißer Tequila
1 cl Cointreau
1 cl Bols Creme de Bananes
4 cl Orangensaft
4 cl Bananensaft
4 cl Ananassaft

Zum Garnieren:
1 Orangenscheibe, 1 Limonenscheibe
(Schalen unbehandelt), 1 Cocktailkirsche

Was Sie sonst noch brauchen:
Eiswürfel, Shaker, Barsieb, 1 Longdrinkglas,
Cocktailspieß, 2 Trinkhalme

1. Einige Eiswürfel und alle Zutaten in den Shaker geben. Das Ganze kräftig schütteln und durch das Barsieb in das Longdrinkglas auf weitere Eiswürfel abgießen.
2. Die Orangen- und Limonenscheibe an den Glasrand hängen. Die Kirsche mit dem Cocktailspieß an die Zitrusscheiben stecken.
3. Die Trinkhalme ins Glas geben.

Beim Genuß dieses wunderbar aromatischen Drinks beginnen Sie vielleicht, von dem sagenhaften Goldland Eldorado und von großen Entdeckungen zu träumen.

Zorro

Zutaten für 1 Drink:
4 cl weißer Tequila
2 cl Cointreau
1 cl Bols Blue Curaçao
4 cl Grapefruitsaft
Tonic Water

Zum Garnieren:
1 Orangenscheibe (Schale unbehandelt),
2 Cocktailkirschen

Was Sie sonst noch brauchen:
Eiswürfel, Shaker, Barsieb, 1 Longdrinkglas, Barlöffel, Cocktailspieß, 2 Trinkhalme

1. *Einige Eiswürfel und alle Zutaten außer Tonic Water in den Shaker geben. Das Ganze kräftig schütteln und durch das Barsieb in das Longdrinkglas auf weitere Eiswürfel abgießen.*
2. *Mit Tonic Water nach Geschmack auffüllen und mit dem Barlöffel leicht umrühren.*
3. *Die Orangenscheibe an den Glasrand stecken, die Cocktailkirschen mit dem Spieß daranstecken und die Trinkhalme in den Drink geben.*

Zorro – ein starker tropischer Longdrink auf Tequila-Basis.

CACHACA

Cachaca ist ein brasilianischer Zuckerrohrbrand, der in seiner Heimat in zahllosen Marken angeboten wird. Den Rohstoff für den wasserhellen Cachaca liefert das noch grüne Zuckerrohr. Cachaca wird schon seit Ende des 17. Jahrhunderts hergestellt und ist aus dem brasilianischen Leben nicht wegzudenken. Man schätzt, daß in Brasilien jährlich fast 2 Milliarden Liter Cachaca produziert werden. Damit besetzt diese Spirituose einen der ersten Plätze der Weltrangliste.

Der Name des bekanntesten Drinks, des Caipirinha, stammt von Caipira, was übersetzt »Hinterwäldler« heißt und besonders auf die Landbevölkerung und einfache Leute angewendet wird. Dieser heute international bekannte Drink war in Brasilien ein Arme-Leute-Getränk, hat aber sein schlechtes Image schon längst verloren. Auf den Getränkekarten der Luxushotels in Rio genießt der Caipirinha den Ruf des Nationalgetränks, und mit Stolz bereiten die brasilianischen Barkeeper ihre Caipirinhas und Batidas zu. Batidas sind andere landestypische Drinks, und sie werden ebenfalls mit Cachaca gemixt – mit Zuckersirup, Eis, Früchten und Fruchtsäften. In den internationalen Bars feiert die Spirituose große Triumphe. Innerhalb weniger Jahre wurde Caipirinha zum Dauerrenner und Standard-Drink. Nach »Jahren der Enthaltsamkeit« wird bei uns mit Cachaca de Carice nun auch eine der großen Marken angeboten. Für Cachaca de Carice liefern Zuckerrohrplantagen im Bundesstaat Pernambuco im Nordosten Brasiliens das noch grüne Zuckerrohr, aus dem der Cachaca de Carice – Aguardente de Cana do Brasil destilliert wird. Dieser klare, weiche und aromatische Cachaca eignet sich ausgezeichnet zum Mixen. Cachaca findet auch in Verbindung mit Tonic Water, Bitter Lemon, Maracuja- und Orangensaft als schnellgemixter Longdrink immer mehr Freunde.

Caipirinha

Zutaten für 1 Drink:
1–2 Limonen (je nach Größe; unbehandelt)
6 cl Cachaca de Carice
1–2 cl Zuckersirup

Was Sie sonst noch brauchen:
1 großes Old-Fashioned-Glas, Stössel, Eiswürfel, Barlöffel, 2 kurze Trinkhalme

1. Die Limonen vierteln, den Saft in das Old-Fashioned-Glas ausdrücken und die Limonenstücke mit ins Glas geben.
2. Mit dem Stössel die Limonenstücke im Glas nochmals kräftig ausdrücken.
3. Einige Eiswürfel dazugeben.
4. Den Cachaca de Carice und den Zuckersirup dazugießen und mit dem Barlöffel gut umrühren.
5. Die beiden kurzen Trinkhalme ins Glas geben.

Zuckerhut, Karneval und zum Trinken Caipirinha – das ist Brasilien, wie man es gerne hat.

Batida de Mel

Zutaten für 1 Drink:
1–2 Limonen (je nach Größe; unbehandelt)
4 cl Cachaca de Carice
4–6 cl Rose's Lime Juice
1 Barlöffel Honig

Was Sie sonst noch brauchen:
1 großes Old-Fashioned-Glas, Stössel, Eiswürfel, Barlöffel, 2 kurze Trinkhalme

1. *Die Limonen vierteln, den Saft in das Old-Fashioned-Glas ausdrücken und die Limonenstücke mit ins Glas geben.*
2. *Mit dem Stössel die Limonenstücke im Glas nochmals ausdrücken.*
3. *Einige Eiswürfel dazugeben.*
4. *Den Cachaca de Carice und den Rose's Lime Juice dazugießen und mit dem Barlöffel gut umrühren.*
5. *Auf das fertige Getränk einen Barlöffel Honig geben und den Drink mit den beiden Trinkhalmen servieren.*

Batida de Maracuja con Limao

Zutaten für 1 Drink:
1–2 Limonen (je nach Größe; unbehandelt)
4–6 cl Cachaca de Carice
6–8 cl Maracujanektar
1–2 cl Zuckersirup oder Maracujasirup

Was Sie sonst noch brauchen:
1 großes Old-Fashioned-Glas, Stössel, Eiswürfel, Barlöffel, 2 kurze Trinkhalme

1. *Die Limonen vierteln, den Saft in das Old-Fashioned-Glas ausdrücken und die Limonenstücke mit ins Glas geben.*
2. *Mit dem Stössel die Limonenstücke im Glas nochmals ausdrücken.*
3. *Einige Eiswürfel dazugeben.*
4. *Den Cachaca de Carice, den Maracujanektar und den Zucker- oder Maracujasirup dazugießen und mit dem Barlöffel gut umrühren.*
5. *Die beiden kurzen Trinkhalme ins Glas geben.*

Batida de Mel – ein Batida der Extraklasse für den heißen Nachmittag und als Starter für einen langen Abend.

Batida de Maracuja con Limao – eines der unzähligen Batida-Rezepte der trinkfreudigen Brasilianer. Es verführt geradezu zum weiteren Experimentieren.

SOUTHERN COMFORT

Southern Comfort – The Grand Old Drink of the South – ist die älteste Likörmarke der USA. Er wurde erstmals Mitte des 19. Jahrhunderts in New Orleans hergestellt. Heute wird er in St. Louis/Missouri produziert.
Southern Comfort ist ein trockener, alkoholreicher Likör (40 % Vol.) auf Bourbon-Whiskey-Basis. Er wird mit Pfirsichen, Orangen und Kräutern aromatisiert. Obwohl Southern Comfort zu den Likören zählt, wird er oft wegen seines hohen Alkoholgehalts als gesüßter Bourbon bezeichnet. Dieser in Deutschland relativ junge Likör hat sich in kürzester Zeit durchgesetzt und ist aus dem Sortiment einer gut bestückten Bar nicht mehr wegzudenken. Southern Comfort bedeutet in jedem Fall eine wesentliche Bereicherung auch Ihres Mixprogramms. Sie können ihn »on the rocks« trinken oder als schnell gemixten Longdrink mit Orangensaft oder Ginger Ale. Doch auch Mineralwasser, Tonic Water, Cola und Zitronenlimonade passen hervorragend zu diesem Whiskeylikör. Außerdem verträgt sich Southern Comfort mit fast allen Spirituosen. Durch sein Pfirsicharoma geht Southern Comfort mit Fruchtsäften, Sahne, Sirups oder Champagner eine raffinierte Allianz ein.

Comfort Manhattan

Comfort Manhattan – die süße Variante des weltbekannten Short-Drinks Manhattan. Zählt in den USA zu den beliebtesten Drinks.

Zutaten für 1 Drink:
4 cl Southern Comfort
2 cl Vermouth Dry
1 Spritzer Angostura (nach Geschmack)

Zum Garnieren:
1 Cocktailkirsche

Was Sie sonst noch brauchen:
Eiswürfel, Rührglas, Barlöffel, Barsieb, 1 Cocktailglas oder -schale, Cocktailspieß

1. Einige Eiswürfel und alle Zutaten in das Rührglas geben. Das Ganze mit dem Barlöffel kurz und kräftig rühren und durch das Barsieb ins Glas abgießen.
2. Die Cocktailkirsche am Spieß in den Drink geben.

Scarlett O´Hara

Vivian Leigh, die Scarlett O'Hara aus dem Film »Vom Winde verweht«, hatte ein Faible für diesen herben Drink.

Zutaten für 1 Drink:
5 cl Southern Comfort
2 cl Preiselbeersirup (Reformhaus)
2 cl Zitronensaft

Was Sie sonst noch brauchen:
Eiswürfel, Shaker, Barsieb, 1 Cocktailschale

1. Einige Eiswürfel und alle Zutaten in den Shaker geben.
2. Das Ganze kräftig schütteln und durch das Barsieb in die Cocktailschale abgießen.

Comfort Cooler

Zutaten für 1 Drink:
6 cl Southern Comfort
2 cl Limonensaft
12 cl Ananassaft

Zum Garnieren:
1 Limonenscheibe (Schale unbehandelt),
1 Cocktailkirsche

Was Sie sonst noch brauchen:
Eiswürfel, Shaker, Barsieb, 1 Longdrinkglas oder 1 Fantasyglas, Cocktailspieß, 2 Trinkhalme

***1.** Einige Eiswürfel und alle Zutaten in den Shaker geben. Das Ganze kräftig schütteln und durch das Barsieb ins Glas auf weitere Eiswürfel abgießen.*
***2.** Die Limonenscheibe an den Glasrand stecken und an diese mit dem Cocktailspieß die Kirsche spießen.*
***3.** Die Trinkhalme ins Glas geben.*

Comfort Cooler – kühl und fruchtig. Läßt sich auch direkt im Glas anrichten, dann aber viel Eis verwenden und gut rühren.

Honolulu Juicer

Zutaten für 1 Drink:
4 cl Southern Comfort
4 cl brauner Rum
2 cl Rose's Lime Juice
2 cl Zitronensaft
4 cl Ananassaft

Zum Garnieren:
1/4 Scheibe Ananas, 1 Cocktailkirsche

Was Sie sonst noch brauchen:
Eiswürfel, Shaker, Barsieb, 1 Longdrinkglas oder 1 Fantasyglas, Cocktailspieß, 2 Trinkhalme

***1.** Einige Eiswürfel und alle Zutaten in den Shaker geben. Das Ganze kräftig schütteln und durch das Barsieb ins Glas auf weitere Eiswürfel abgießen.*
***2.** Das Ananasstück an den Glasrand stecken und mit dem Cocktailspieß die Kirsche daranspießen. Die Trinkhalme ins Glas geben.*

Honolulu Juicer – der Name täuscht: Saft und Spirituosen halten sich die Waage – ein gehaltvoller Drink für Kraftnaturen.

Florida Comfort

Zutaten für 1 Drink:
5 cl Southern Comfort
2 cl Zitronensaft
2 cl Grenadinesirup
10 cl Orangensaft

Zum Garnieren:
1 Orangenscheibe (Schale unbehandelt)

Was Sie sonst noch brauchen:
Eiswürfel, Shaker, Barsieb, 1 Longdrinkglas, 2 Trinkhalme

1. *Einige Eiswürfel und alle Zutaten in den Shaker geben. Das Ganze kräftig schütteln und durch das Barsieb in das Longdrinkglas auf weitere Eiswürfel abgießen.*
2. *Die Orangenscheibe bis zur Mitte einschneiden und an den Glasrand stecken. Die Trinkhalme ins Glas geben.*

Auch Florida Comfort können Sie mit viel Eis direkt im Glas zubereiten. Nicht vergessen: alles gut durchrühren.

Southern Trip

Zutaten für 1 Drink:
4 cl Southern Comfort
4 cl Orangensaft
eiskalter, trockener Champagner

Zum Garnieren:
1 Orangenscheibe (Schale unbehandelt), 1 Cocktailkirsche

Was Sie sonst noch brauchen:
1 Longdrinkglas, Eiswürfel, Barlöffel, Cocktailspieß

1. *Den Southern Comfort und den Orangensaft in das Longdrinkglas auf einige Eiswürfel gießen und mit dem Barlöffel gut vermischen.*
2. *Das Glas langsam mit Champagner auffüllen und mit dem Barlöffel nochmals leicht umrühren.*
3. *Die Orangenscheibe bis zur Mitte einschneiden und an den Glasrand stecken. Mit dem Cocktailspieß die Kirsche daranspießen.*

Southern Trip – aromatisch, prickelnd und schnell gemixt. Die Menge des Champagners bestimmt die Intensität des Drinks.

DRAMBUIE

Drambuie – der Whiskylikör aus den schottischen Highlands, ist nicht nur bei sanften Ladies beliebt, er kommt auch bei harten Männern gut an. Denn er bringt es auf stolze 40% Vol. Geschmackstendenz: scotch-rauchig mit einer kräftigen Prise Honigduft. Seit 1906 wird Drambuie in Edinburgh aus einer Mischung von altem Highland Malt Whisky, ebenso altem Grain Whisky und einem uralten, schon legendären Kräuter-Destillat komponiert. Außerdem wird noch Bienenhonig aus der Heide des schottischen Hochlands zugesetzt.

Der Ursprung des Drambuie geht bis auf die Met brauenden Kelten und die der Destillierkunst mächtigen Mönche des rauhen Schottland zurück.

Aus dem Gälischen stammt auch der Name: Er ist abgeleitet von »Dram Buidheach« und bedeutet: »Ein Trank, der zufrieden macht«.

In Schottland erzählt man, daß der heißverehrte Bonnie Prince Charlie, der Thronanwärter Prince Charles Edward III. Stuart, diesen Trank selbst erfunden habe.

Die Legende berichtet, wie 1745 der Versuch eines schottischen Heeres, die Krone Britanniens zu erobern, scheiterte. Der Prinz mußte fliehen, und einer seiner Mitstreiter namens MacKinnon versteckte ihn bis zu seiner Emigration nach Frankreich auf der wildzerklüfteten Insel Skye. Der dankbare Prinz überließ seinem Getreuen das Rezept des Whiskylikörs. Die folgenden 150 Jahre wurde das Rezept in der Familie des Getreuen weitergegeben. Keine Kunde des Drambuie drang in die Außenwelt, denn

Highland Dream

der Likör wurde nur für den Hausgebrauch zubereitet. Erst 1906 entschloß sich dieselbe Familie, Drambuie für den Verkauf zu produzieren.
Nach kärglichen Anfangserfolgen kam 1916 mit der Aufnahme in das erlesene Sortiment des »House of Lords« der Durchbruch, und heute ist Drambuie die größte Likörmarke Großbritanniens und weltweit verbreitet.
Drambuie schmeckt kalt am besten. Er ist ein hervorragender Digestif und eignet sich ausgezeichnet zum Mixen. Sein Honigaroma rundet viele Drinks harmonisch ab. Drambuie paßt sehr gut zu anderen alkoholischen Zutaten sowie zu Säften und Limonaden.

Zutaten für 1 Drink:
4 cl Drambuie
2 cl Scotch Whisky
6 cl Maracujanektar

Zum Garnieren:
einige Cocktailkirschen

Was Sie sonst noch brauchen:
Eiswürfel, Shaker, 1 Old-Fashioned-Glas, Barsieb, Cocktailspieß, 2 kurze Trinkhalme

1. *Einige Eiswürfel und alle Zutaten in den Shaker geben. Weitere Eiswürfel in das Old-Fashioned-Glas füllen. Den Shaker kräftig schütteln und die Mischung durch das Barsieb ins Glas abgießen.*
2. *1 Cocktailkirsche auf den Spieß stecken, mit einigen weiteren Cocktailkirschen ins Glas geben. Die kurzen Trinkhalme ins Glas stellen.*

Highland Dream – hier verbinden sich drei hocharomatische Getränke zu einem idealen Drink für alle, die noch nicht genau wissen, was sie trinken wollen.

Rose of Skye

Zutaten für 1 Drink:
3 cl Drambuie
3 cl Wodka
2 cl Zitronensaft
1 cl Grenadinesirup
2 cl Orangensaft

Zum Garnieren:
1 Erdbeere

Was Sie sonst noch brauchen:
Eiswürfel, Shaker, Barsieb, 1 kleines Stielglas oder 1 Cocktailschale

1. Einige Eiswürfel und alle Zutaten in den Shaker geben. Die Mischung kräftig schütteln und durch das Barsieb ins Glas abgießen.
2. Die Erdbeere an den Glasrand stecken.

Highland Peach

Zutaten für 1 Drink:
4 cl Drambuie
1 cl Zitronensaft
10 cl Pfirsichnektar
Sodawasser

Zum Garnieren:
Pfirsichstücke, Cocktailkirschen

Was Sie sonst noch brauchen:
Eiswürfel, Shaker, Barsieb, 1 Longdrinkglas oder 1 Fantasyglas, Cocktailspieß, 2 Trinkhalme

1. Einige Eiswürfel und alle Zutaten außer Sodawasser in den Shaker geben. Das Ganze kräftig schütteln und durch das Barsieb in das mit weiteren Eiswürfeln gefüllte Glas abgießen.
2. Mit etwas Sodawasser auffüllen und den Drink mit dem Barlöffel leicht umrühren.
3. Auf den Cocktailspieß abwechselnd Pfirsichstücke und Cocktailkirschen stecken und diesen über den Glasrand legen.
4. Die Trinkhalme ins Glas geben.

Corcovado

Zutaten für 1 Drink:
2 cl Drambuie
2 cl Bols Blue Curaçao
2 cl weißer Tequila
Zitronenlimonade

Zum Garnieren:
1 Orangenscheibe, 1 Zitronenscheibe (Schalen unbehandelt)

Was Sie sonst noch brauchen:
1 Longdrinkglas, gestoßenes Eis, Barlöffel, 2 Trinkhalme

1. Das Longdrinkglas über die Hälfte mit gestoßenem Eis füllen. Die Spirituosen dazugeben und alles gut durchrühren.
2. Den Drink mit Zitronenlimonade auffüllen und nochmals leicht rühren.
3. Die Orangen- und die Zitronenscheibe bis zur Mitte einschneiden und an den Glasrand hängen. Die Trinkhalme ins Glas geben.

Rose of Skye

Highland Peach

Rusty Nail

Zutaten für 1 Drink:
3 cl Drambuie
3 cl Scotch Whisky

Was Sie sonst noch brauchen:
Eiswürfel, Rührglas, Barlöffel, Barsieb, 1 Cocktailglas

***1.** Einige Eiswürfel und alle Zutaten in das Rührglas geben. Die Mischung mit dem Barlöffel kurz und kräftig rühren und durch das Barsieb in das Cocktailglas gießen.*

Sparkling Honey

Zutaten für 1 Drink:
2 cl Drambuie
2 cl Gin
4 cl Orangensaft
1 Spritzer Angostura
eiskalter, trockener Champagner

Zum Garnieren:
1 Orangenscheibe (Schale unbehandelt), 1 Cocktailkirsche

Was Sie sonst noch brauchen:
Eiswürfel, Shaker, Barsieb, 1 Champagnerkelch oder -tulpe, Cocktailspieß

***1.** Einige Eiswürfel und alle Zutaten außer Champagner in den Shaker geben. Das Ganze kurz und kräftig schütteln und durch das Barsieb ins Glas abgießen.*
***2.** Mit kaltem Champagner auffüllen.*
***3.** Die Orangenscheibe bis zur Mitte einschneiden und an den Glasrand stecken, mit dem Cocktailspieß die Kirsche daranspießen.*

Sparkling Honey

Corcovado

Rusty Nail

GALLIANO

Unter den internationalen Likören nimmt Galliano – nicht nur seiner überlangen Flasche wegen – eine herausragende Stellung ein. Die extravagante Flasche ist in jeder Bar ein Blickfang und zwingt Hobby- und Profimixer zur Suche nach einem geeigneten Platz. So bemerkenswert wie ihr Äußeres ist auch der goldgelbe Inhalt der Gallianoflasche. Denn etwa 70 verschiedene Kräuter und Pflanzen verleihen dem italienischen Likör ein einzigartiges Aroma. Bei einer Geruchsprobe stellt man außerdem einen Hauch von Vanille fest. Dieser Vanilleton ist es, der die Kreativität der Barmixer anregt. Galliano liebt Sahne und Säfte, Kaffee und Tonic Water, verbindet sich mit anderen Likören zu höchst interessanten Mischungen und rundet Drinks mit Spirituosen weich und samtig ab. Der seit 1896 hergestellte 35%ige Likör ist in seinem Heimatland Italien aus keiner Bar wegzudenken. Seinen Siegeszug verdankt er jedoch der amerikanischen Genuß- und Experimentierfreudigkeit.
Galliano brachte auch frischen Wind in das deutsche Cocktailangebot, und Anfängern sei erst der Genuß »on the rocks« (auf Eiswürfeln) empfohlen. Dabei werden Sie feststellen, daß Galliano zu vielen Ihrer bevorzugten Getränke paßt, und das sollte Sie eigentlich verführen, mit diesem Likör einige Mixversuche zu wagen.

Galliano Tonic

Zutaten für 1 Drink:
4 cl Galliano
2 cl Rose's Lime Juice
einige Tropfen Zitronensaft
Tonic Water

Zum Garnieren:
2 Limonenscheiben (Schale unbehandelt)

Was Sie sonst noch brauchen:
1 Longdrinkglas, Eiswürfel, Stirer

1. Einige Eiswürfel in das Longdrinkglas geben. Den Galliano, den Lime Juice und einige Tropfen Zitronensaft dazugeben.
2. Das Glas mit Tonic Water nach Geschmack auffüllen.
3. Den Stirer dazugeben und mit diesem alles leicht umrühren.
4. Die Limonenscheiben ins Glas geben.

Galliano Tonic – ein unkomplizierter Longdrink der neuen Welle – spritzig, prickelnd, aromatisch.

Bossa Nova

Zutaten für 1 Drink:
2 cl Galliano
2 cl weißer Rum
1 cl Bols Apricot Brandy
8 cl Ananassaft
1 cl Zitronensaft

Zum Garnieren:
1 dicke, geschälte Kiwischeibe, 2 Erdbeeren

Was Sie sonst noch brauchen:
Eiswürfel, Shaker, Barsieb, 1 Longdrinkglas, 2 Trinkhalme

1. *Einige Eiswürfel und alle Zutaten in den Shaker geben. Das Ganze kräftig schütteln und durch das Barsieb in das zur Hälfte mit weiteren Eiswürfeln gefüllte Longdrinkglas abgießen.*
2. *Die Kiwischeibe und die Erdbeeren an den Glasrand stecken.*
3. *Die beiden Trinkhalme ins Glas geben.*

Bossa Nova – ein Drink, der zum Tanzen verführt. Ist ausgewogen komponiert und schmeckt köstlich erfrischend.

Terrazza

Zutaten für 1 Drink:
4 cl Galliano
2 cl Wodka
4 cl Ananassaft
2 cl Sahne
1–2 cl Grenadinesirup

Zum Garnieren:
Ananasstückchen, Cocktailkirschen

Was Sie sonst noch brauchen:
Eiswürfel, Shaker, Barsieb, 1 Stielglas oder 1 Champagnerkelch, Cocktailspieß, 2 Trinkhalme

1. Einige Eiswürfel und alle Zutaten im Shaker kräftig schütteln und durch das Barsieb ins Glas abgießen.
2. Ananasstückchen und Kirschen auf den Cocktailspieß stecken und diesen über den Glasrand legen.
3. Die beiden Trinkhalme ins Glas geben.

Yellow Bird

Zutaten für 1 Drink:
2 cl Galliano
4 cl brauner Rum
2 cl Bols Creme de Bananes
4 cl Orangensaft
4 cl Ananassaft

Zum Garnieren:
2 Ananasstücke, 1 Cocktailkirsche

Was Sie sonst noch brauchen:
Eiswürfel, Shaker, Barsieb, 1 Fantasyglas, Cocktailspieß, 2 Trinkhalme

1. Einige Eiswürfel und alle Zutaten im Shaker kräftig schütteln und durch das Barsieb ins Glas auf weitere Eiswürfel abgießen.
2. Die Ananasstücke einschneiden, an den Glasrand stecken und mit einem Cocktailspieß die Kirsche daranstecken.
3. Die beiden Trinkhalme ins Glas geben.

Golden Dream

Zutaten für 1 Drink:
3 cl Galliano
3 cl Cointreau
3 cl Orangensaft
3 cl Sahne

Was Sie sonst noch brauchen:
Eiswürfel, Shaker, Barsieb, 1 Cocktailschale oder -glas

1. Einige Eiswürfel und alle Zutaten in den Shaker geben.
2. Die Mischung kräftig schütteln und durch das Barsieb ins Glas abgießen.

Golden Dream Terrazza

Harvey Wallbanger

Zutaten für 1 Drink:
5 cl Wodka
12 cl Orangensaft
1–2 cl Galliano

Zum Garnieren:
1 Orangenscheibe (Schale unbehandelt)

Was Sie sonst noch brauchen:
Eiswürfel, 1 Longdrinkglas, Barlöffel

1. Einige Eiswürfel in das Longdrinkglas geben, den Wodka und den Orangensaft darüber gießen.
2. Alles mit dem Barlöffel gut umrühren.
3. Vorsichtig den Galliano auf den Drink gießen und nicht mehr umrühren.
4. Die Orangenscheibe bis zur Mitte einschneiden und an den Glasrand stecken.

Golden Colada

Zutaten für 1 Drink:
4 cl Galliano
2 cl brauner Rum
2 cl Sahne
10 cl Ananassaft
2–4 cl flüssige Cream of Coconut oder Cocossirup

Zum Garnieren:
1 Ananasstück, 1 Cocktailkirsche

Was Sie sonst noch brauchen:
Elektromixer, 1 großes Longdrinkglas oder 1 Stielglas, gestoßenes Eis, Barlöffel, Cocktailspieß, 2 Trinkhalme,

1. Alle Zutaten in den Elektromixer geben und gut durchmixen.
2. Das Glas halb mit gestoßenem Eis füllen und die Mischung aus dem Mixer darauf gießen. Mit dem Barlöffel kurz durchrühren.
3. Das Ananasstück an den Glasrand stecken und mit dem Spieß die Cocktailkirsche daranstecken. Die Trinkhalme ins Glas geben.

Yellow Bird

Golden Colada

Harvey Wallbanger

COINTREAU

Die Geschichte des Cointreau beginnt in einem Süßwarenladen von Angers, der Hauptstadt von Anjou. Dort verkauften die Brüder Adolphe und Edouard-Jean Cointreau feinste, in eigener Produktion hergestellte kandierte Früchte und kräftig-aromatische Fruchtliköre aus Früchten der Umgebung. 1875 übernahm der ehrgeizige Edouard Cointreau jr. die kleine Firma. Er wollte einen gänzlich anderen Likör kreieren, der klar und von unverwechselbarem Aroma sein sollte. Von den Antillen importierte der junge Cointreau Schalen grüner Bitterorangen, aus den Ländern des Mittelmeerraumes ließ er Schalen von Süßorangen nach Frankreich bringen. Edouard jr. komponierte, experimentierte und destillierte so lange, bis er einen kristallklaren Likör mit bitter-süßem Orangenaroma und reichem Bukett vor sich hatte. Dieser edlen Spezialität verlieh er seinen Namen. Heute ist Cointreau weltweit der meistgetrunkene Likör. Man trinkt Cointreau pur zum Kaffee, gekühlt auf Eiswürfeln und in vielen Variationen in Mixgetränken.
Auf der Weltrangliste der Cocktails, unter den Top Ten, finden sich auch mehrere Drinks mit Cointreau. Dazu gehören zum Beispiel White Lady, Side Car und Margarita.

Mer du Sud

Zutaten für 1 Drink:
4 cl Cointreau
1 cl Bols Curaçao Blue
4 cl Ananassaft
Ginger Ale

Zum Garnieren:
1 Ananasstück, Ananasblätter,
1 Cocktailkirsche

Was Sie sonst noch brauchen:
Eiswürfel, 1 Longdrinkglas, Barlöffel, Cocktailspieß, 2 Trinkhalme

1. Eiswürfel ins Glas geben und alle Zutaten außer Ginger Ale dazugießen.
2. Gut durchrühren und das Glas mit Ginger Ale auffüllen.
3. Auf den Cocktailspieß die Kirsche, das Ananasstück und die Ananasblätter spießen und über den Glasrand legen.
4. Die Trinkhalme ins Glas stellen.

Mer du Sud – sieht toll aus und schmeckt auch so: frisch, fruchtig und extravagant.

MODÈLE DÉPOSÉ
quatre coins du monde
NTREAU
PÉCIALITÉ
DE
FRANCE
aison fondée en 1849
LIQUEUR
vol. 0,7 L e
PRODUCT OF FRANCE

Red Bird

Zutaten für 1 Drink:
2 cl Cointreau
2 cl Wodka
2 cl Vermouth Rosso
Tonic Water

Zum Garnieren:
1 Zitronenscheibe (Schale unbehandelt)

Was Sie sonst noch brauchen:
Eiswürfel, 1 Longdrinkglas oder 1 Fantasyglas, Barlöffel, Stirer

1. *Einige Eiswürfel und alle Zutaten außer Tonic Water ins Glas geben. Die Mischung mit dem Barlöffel gut durchrühren.*
2. *Das Glas mit Tonic Water auffüllen und nochmals leicht umrühren.*
3. *Die Zitronenscheibe bis zur Mitte einschneiden und an den Glasrand stecken. Den Stirer ins Glas geben.*

Black Sun

Zutaten für 1 Drink:
4 cl Cointreau
2 cl brauner Rum
Cola

Zum Garnieren:
1 Zitronenscheibe und eventuell 1 Spirale Zitronenschale (unbehandelt)

Was Sie sonst noch brauchen:
Eiswürfel, 1 Longdrinkglas, Barlöffel

1. *Eiswürfel ins Glas geben, den Cointreau und den Rum dazugießen, alles mit dem Barlöffel umrühren und mit Cola auffüllen.*
2. *Die Zitronenscheibe dazugeben oder an den Glasrand stecken.*

Red Bird – ein originiller Longdrink, eine Spur bitter. Eignet sich hervorragend als Aperitif.

Black Sun bestischt durch raffinierte Geschmackskomposition – und ist blitzschnell zubereitet.

Sunny Dream

Zutaten für 1 Drink:
4 cl Cointreau
2 cl Bols Apricot Brandy
6 cl Orangensaft
6 cl Ananassaft
2 cl Sahne
1 cl Zitronensaft
1 Eßl. Vanilleeis

Zum Garnieren:
1 Orangenscheibe (Schale unbehandelt),
2 Cocktailkirschen

Was Sie sonst noch brauchen:
Elektromixer, Eiswürfel, 1 Fantasyglas oder 1 großer Champagnerkelch, Cocktailspieß, 2 dicke Trinkhalme

1. *Alle Zutaten im Elektromixer gut durchmixen.*
2. *Einige Eiswürfel ins Glas geben und die Mischung dazugießen.*
3. *Die Orangenscheibe bis zur Mitte einschneiden und an den Glasrand hängen. Mit dem Cocktailspieß die Kirschen an die Orangenscheibe stecken oder mit den Trinkhalmen ins Glas geben.*

Kingston Town

Zutaten für 1 Drink:
3 cl Cointreau
3 cl weißer Rum
1 cl Bols Creme de Bananes
1 cl Bols Blue Curaçao
12 cl Ananassaft

Zum Garnieren:
1 Orangenscheibe (Schale unbehandelt),
1 Kiwischeibe, 1 Cocktailkirsche

Was Sie sonst noch brauchen:
Eiswürfel, Shaker, Barsieb, 1 Longdrinkglas, Cocktailspieß, 2 Trinkhalme

1. *Einige Eiswürfel und alle Zutaten im Shaker kräftig schütteln und durch das Barsieb ins Glas auf weitere Eiswürfel abgießen.*
2. *Die Orangenscheibe zusammen mit der Kiwischeibe an den Glasrand hängen und mit dem Cocktailspieß die Kirsche daranstecken. Die Trinkhalme ins Glas geben.*

Café Cointreau

Zutaten für 1 Drink:
4 cl Cointreau
1 Teel. Zucker
1 Tasse heißer Kaffee
2 Eßl. leicht geschlagene Sahne

Was Sie sonst noch brauchen:
1 Stielglas mit etwa 0,2 l Inhalt, Barlöffel

1. *Das Glas vorwärmen, indem man heißes Wasser hineinlaufen läßt. Nach kurzer Zeit das Wasser wieder ausgießen.*
2. *Den Cointreau, den Zucker und den Kaffee ins Glas geben. Alles gut rühren, bis sich der Zucker aufgelöst hat. Mit Hilfe des Barlöffels die leicht geschlagene Sahne als Haube auf den Drink setzen.*

Kingston Town

Café Cointreau

Passing Shot

Zutaten für 1 Drink:
4 cl Cointreau
8 cl Bananennektar
1 cl Cinzano Bitter
1 cl Grenadinesirup

Zum Garnieren:
Cocktailkirschen und Bananenscheiben

Was Sie sonst noch brauchen:
Eiswürfel, Shaker, Barsieb, 1 großes Old-Fashioned-Glas oder 1 Longdrinkglas, Cocktailspieß, 2 Trinkhalme

1. *Alle Zutaten mit Eiswürfeln in den Shaker geben und gut schütteln.*
2. *Durch das Barsieb ins Glas auf weitere Eiswürfel abseihen.*
3. *Die Früchte auf den Cocktailspieß stecken, in den Drink stellen; die Trinkhalme eventuell kurz abschneiden und dazugeben.*

Cointreau Tropical

Zutaten für 1 Drink:
4 cl Cointreau
12 cl roter Traubensaft
Beliebige Früchte, zum Beispiel: Erdbeeren, Weintrauben, Kirschen, halbe Orangen- und Zitronenscheiben (Schalen unbehandelt), Pfirsichstückchen (die Früchte im Kühlschrank kalt werden lassen)

Zum Garnieren:
1/4 Zitrone, Schälchen, gefüllt mit Zucker

Was Sie sonst noch brauchen:
1 Longdrink- oder Stielglas, Rührglas, Eiswürfel, Barlöffel, 1 Trinkhalm, großen Cocktailspieß

1. *Den Rand des Glases in dem Zitronenviertel drehen und dann in die Schale mit dem Zucker tupfen.*
2. *Das Glas mit den verschiedenen Früchten bis oben hin füllen.*
3. *Den Cointreau und den Traubensaft im Rührglas mit Eiswürfeln gut vermischen und sehr kalt werden lassen. Dann die Mischung ins Glas über die Früchte gießen.*
4. *Den Trinkhalm und den großen Cocktailspieß ins Glas geben.*

Sunny Dream
Passing Shot
Cointreau tropical

MALIBU

Malibu – Tropical Coconut ist ein klarer Kokosnußlikör mit nur 24% Vol. Erst 1980 »komponiert«, hat Malibu inzwischen einen triumphalen Siegeszug um die Welt angetreten. Nur drei Jahre nach seiner Einführung war dieser neuartige Likör schon auf allen Weltmärkten vertreten und hat sich auch in den Bars einen festen Platz erobert. Sein Aroma erhält Malibu vom Saft der Kokosnuß, der mit weißem Jamaica-Rum veredelt wird. Das harmonisch abgestimmte Verhältnis von Rum und Kokosnuß machen Malibu zum idealen Mixlikör. Mit ihm gelingt es, auf unkomplizierte Art immer neue Getränke zu kreieren, mit denen auch Hobby-Mixer Partys effektvoll bereichern können. Denn im trauten Verein mit Spirituosen, Säften und Limonaden eröffnet Malibu viele Möglichkeiten zum Mixen phantasievoller Drinks mit exotischem Flair.
Garnierungen mit verschiedenen frischen Früchten lassen zusätzlich viel Spielraum für eigene Kreativität.

Blue Cobra

Zutaten für 1 Drink:
4 cl Malibu
2 cl Bols Blue Curaçao
4 cl Ananassaft
1 cl Zitronensaft
Tonic Water oder Zitronenlimonade

Zum Garnieren:
1 Orange (Schale unbehandelt), einige Cocktailkirschen

Was Sie sonst noch brauchen:
Eiswürfel, 1 Longdrinkglas, Shaker, Barsieb, Barlöffel, 2 Trinkhalme

1. Die ganze Orange spiralförmig schälen und die Schale mit einigen Eiswürfeln in das Longdrinkglas geben. Weitere Eiswürfel und alle Zutaten außer Limonade in den Shaker geben. Kräftig schütteln und durch das Barsieb ins Glas abgießen.
2. Nach Geschmack mit Tonic Water auffüllen und mit dem Barlöffel leicht umrühren.
3. Die Trinkhalme und einige Cocktailkirschen ins Glas geben.

Blue Cobra – nur der Name ist gefährlich. Je nachdem, ob Sie Zitronenlimonade oder Tonicwater zugeben, wird der Drink süßer oder herber.

Malibu Sunrise kann auch gleich im Glas angerichtet werden, dann aber viel Eis verwenden.

Malibu Sunrise

Zutaten für 1 Drink:
6 cl Malibu
1 cl Zitronensaft
12 cl Orangensaft
1 cl Grenadinesirup

Zum Garnieren:
1 Orangenscheibe (Schale unbehandelt)

Was Sie sonst noch brauchen:
Eiswürfel, Shaker, Barsieb, 1 Longdrinkglas, 2 Trinkhalme, Stirer

1. *Den Malibu, die Säfte und einige Eiswürfel im Shaker kräftig schütteln und durch das Barsieb in das Longdrinkglas auf weitere Eiswürfel abgießen.*
2. *Die Orangenscheibe einschneiden und an den Glasrand stecken. Die Trinkhalme und den Stirer in den Drink geben.*
3. *Den Grenadinesirup behutsam auf das fertige Getränk geben. Vor dem Trinken vorsichtig von unten nach oben umrühren, damit ein »Sonnenaufgang« entsteht.*

Malibu Banana

Zutaten für 1 Drink:
4 cl Malibu
2 cl Bols Creme de Bananes
6 cl Sahne

Zum Garnieren:
gehackte Pistazien

Was Sie sonst noch brauchen:
Eiswürfel, Shaker, Barsieb, 1 Cocktailschale oder -glas

1. Einige Eiswürfel und alle Zutaten in den Shaker geben. Die Mischung kräftig schütteln und durch das Barsieb ins Glas abgießen.
2. Den Drink mit gehackten Pistazien bestreuen.

Yellow Cat

Zutaten für 1 Drink:
2 cl Malibu
2 cl Vermouth Dry
3 cl Orangensaft
eiskalter, trockener Champagner

Zum Garnieren:
1 Erdbeere

Was Sie sonst noch brauchen:
Eiswürfel, Shaker, Barsieb, 1 Champagnerkelch oder -tulpe

1. Einige Eiswürfel und alle Zutaten außer Champagner in den Shaker geben. Die Mischung kräftig schütteln und durch das Barsieb ins Glas abgießen.
2. Das Glas mit kaltem Champagner auffüllen.
3. Die Erdbeere an den Glasrand stecken.

Malibu Alexander

Zutaten für 1 Drink:
4 cl Malibu
2 cl Cognac
6 cl Sahne

Zum Garnieren:
Muskatnuß, frisch gerieben

Was Sie sonst noch brauchen:
Eiswürfel, Shaker, Barsieb, 1 Cocktailschale oder -glas

1. Einige Eiswürfel und alle Zutaten in den Shaker geben. Das Ganze kräftig schütteln und durch das Barsieb ins Glas abgießen.
2. Den Drink mit Muskat bestreuen.

Malibu Alexander

Yellow Cat

Crazy Coconut

Zutaten für 1 Drink:
4 cl Malibu
2 cl Bols Creme de Bananes
1 cl Bols Blue Curaçao
6 cl Ananassaft
6 cl Grapefruitsaft

Zum Garnieren:
Kiwischeiben, Bananenscheiben, Cocktailkirschen

Was Sie sonst noch brauchen:
Eiswürfel, Shaker, Barsieb, 1 Longdrinkglas, Cocktailspieß, 2 Trinkhalme

***1.** Einige Eiswürfel und alle Zutaten in den Shaker geben. Die Mischung kräftig schütteln und durch das Barsieb in das Longdrinkglas auf weitere Eiswürfel abgießen.*
***2.** Die Kiwi- und Bananenscheiben sowie die Kirschen auf den Cocktailspieß stecken und diesen über den Glasrand legen.*
***3.** Die Trinkhalme ins Glas geben.*

Cocoskiss

Zutaten für 1 Drink:
4 cl Malibu
2 cl weißer Rum
1 cl Maracujasirup
6 cl Orangensaft
6 cl Ananassaft

Zum Garnieren:
1/4 Ananasscheibe, 1 Cocktailkirsche

Was Sie sonst noch brauchen:
Eiswürfel, Shaker, Barsieb, 1 Longdrinkglas oder 1 Fantasyglas, Cocktailspieß, 2 Trinkhalme

***1.** Einige Eiswürfel und alle Zutaten in den Shaker geben. Die Mischung kräftig schütteln und durch das Barsieb ins Glas auf weitere Eiswürfel abgießen.*
***2.** Das Ananasstück einschneiden, an den Glasrand hängen und mit dem Cocktailspieß die Kirsche daranstecken. Die beiden Trinkhalme ins Glas geben.*

alibu Banana — *Crazy Coconut* — *Cocoskiss*

BOLS

Bis ins Jahr 1575 zurück reicht die Geschichte des heutigen Welthauses Bols. Damals gründete Lucas Bols in Amsterdam einen kleinen Betrieb, in dem er als ersten Likör Anisette herstellte. Diese Firma entwickelte sich durch die Jahrhunderte mit Produkten hoher Qualität zum heutigen Großunternehmen. Heute ist Bols weltweit als Hersteller qualitativ hochwertiger Liköre bekannt. Bols-Liköre und -Spirituosen sind in allen internationalen Bars anzutreffen.
Als Ende der siebziger, Anfang der achtziger Jahre eine neue Longdrink-Welle einsetzte, entwickelte Bols eine neue Konzeption, die dem Trend nach weniger Alkoholgehalt entgegenkam. Es wurde die Basis für das Bols-Longdrink-Sortiment geschaffen. Trendsetter wurde Bols' kobaltblauer Blue Curaçao, der sich zum Renner unter den Longdrink-Spirituosen entwickelt hat. Es folgten die Liköre Grüne Banane, Kiwi-Wonder und später Red Orange, ein tropischer Longdrink-Likör, der die Geschmacksrichtung herb/bitter vertritt. Bols erweiterte damit seine Likör-Farbpalette um ein tiefes weiches Rot. Inzwischen bietet Bols über 30 verschiedene Liköre an, die alle aus natürlichen Rohstoffen hergestellt werden. Die Liköre erfüllen beim Mixen gleich zwei Funktionen: Sie bestimmen oder verstärken die Geschmackstendenz des Drinks und zaubern außerdem Farbenpracht ins Glas. So lassen sich die verführerischsten Drinks in Blau, Grün oder Rot mixen. Außerdem werden nach wie vor viele Basisspirituosen und die internationalen Likörsorten hergestellt, die zum Mixen unentbehrlich sind. Dazu zählen Triple Sec Curaçao, Dry Orange Curaçao, Creme de Cacao Weiß und Braun, Creme de Bananes, Cherry Brandy, Teardrop-Creme de Menthe, Apricot Brandy und viele weitere, bis hin zum exotischen Parfait Amour Liqueur.
Ohne die süße Würze der Liköre ist das Mixen nicht denkbar, denn fast alle Cocktails und Longdrinks benötigen sie als Basis, als Geschmacksgeber oder zur Abrundung. Alle Bols-Liköre schmecken natürlich auch pur – als Digestif, zum Kaffee oder einfach zwischendurch.

BOLS
BOLS
LIQUEUR
Apricot Brandy
IMPORTED
PRODUCE OF HOLLAND
29% vol

Mein Freund Harvey

Zutaten für 1 Drink:
4 cl Bols Triple Sec Curaçao
2 cl Rose's Lime Juice
1 cl Grenadinesirup
6 cl Maracujanektar
1 cl Zitronensaft
eiskalter, trockener Champagner

Zum Garnieren:
2 Cocktailkirschen, 2 Scheiben Karambole

Was Sie sonst noch brauchen:
Eiswürfel, Shaker, Barsieb, 1 Longdrinkglas, Barlöffel, 2 Trinkhalme

1. Einige Eiswürfel und alle Zutaten außer Champagner in den Shaker geben. Das Ganze kräftig schütteln und durch das Barsieb in das Longdrinkglas auf weitere Eiswürfel abgießen.
2. Das Glas mit Champagner auffüllen und die Mischung mit dem Barlöffel leicht umrühren.
3. Die Cocktailkirschen an den Glasrand stecken und jeweils daneben die Karambolescheiben plazieren. Die beiden Trinkhalme ins Glas geben.

Steven Domin von Harveys Bar in München behauptet, daß dieser Drink auch bei den stärksten Hasen die Löffel weich macht.

Grasshopper

Zutaten für 1 Drink:
3 cl Bols Teardrop-Creme de Menthe Liqueur
3 cl Bols Creme de Cacao, weiß
6 cl Sahne

Zum Garnieren:
1 Minzezweig

Was Sie sonst noch brauchen:
Eiswürfel, Shaker, Barsieb, 1 Cocktailschale

1. Einige Eiswürfel und alle Zutaten im Shaker kräftig schütteln und durch das Barsieb in die Cocktailschale abgießen.
2. Die Minze auf den fertigen Drink legen.

Grasshopper – ein Klassiker unter den Sahnedrinks. Beliebt und bekannt bei allen Pfefferminz-Freunden.

Cherry Banana

Zutaten für 1 Drink:
4 cl Bols Cherry Brandy
2 cl Bols Creme de Bananes
6 cl Sahne

Zum Garnieren:
Cocktailkirschen, Bananenscheiben

Was Sie sonst noch brauchen:
Eiswürfel, Shaker, Barsieb, 1 Cocktailschale, Cocktailspieß

1. Einige Eiswürfel und alle Zutaten in den Shaker geben. Das Ganze kräftig schütteln und durch das Barsieb in die Cocktailschale abgießen.
2. Abwechselnd Kirschen und Bananenscheiben auf den Cocktailspieß stecken und diesen über den Glasrand legen.

Jungle Juice

Zutaten für 1 Drink:
4 cl Bols Grüne Banane
1 cl Bols Apricot Brandy
2 cl Gin
1 cl Zitronensaft
8 cl Orangensaft

Zum Garnieren:
1 Ananasstück, 1 Cocktailkirsche

Was Sie sonst noch brauchen:
Eiswürfel, Shaker, Barsieb, 1 Longdrinkglas, Cocktailspieß, 2 Trinkhalme

1. Einige Eiswürfel und alle Zutaten in den Shaker geben. Das Ganze kräftig schütteln und durch das Barsieb in das Longdrinkglas auf weitere Eiswürfel abgießen.
2. Das Ananasstück an den Glasrand stecken und mit dem Cocktailspieß die Kirschen daranstecken. Die beiden Trinkhalme ins Glas geben.

Cherry Banana – Kirsch, Banane und Sahne gehen hier eine köstliche Verbindung ein. Die Zutatenmengen können Sie nach Lust und Laune variieren.

Jungle Juice – ein interessanter Drink mit dem modernen Mixlikör Grüne Banane.

Chiquita Punch

Zutaten für 1 Drink:
5 cl Bols Creme de Bananes
5 cl Orangensaft
5 cl Sahne
2 cl Grenadinesirup

Zum Garnieren:
1 Orangenscheibe (Schale unbehandelt),
1 Cocktailkirsche

Was Sie sonst noch brauchen:
Eiswürfel, Shaker, Barsieb, 1 Old-Fashioned-Glas, Cocktailspieß, 2 kurze Trinkhalme

1. Einige Eiswürfel und alle Zutaten im Shaker kräftig schütteln und durch das Barsieb in das Old-Fashioned-Glas auf weitere Eiswürfel abgießen.
2. Die Orangenscheibe bis zur Mitte einschneiden und an den Glasrand stecken. Mit dem Cocktailspieß die Kirsche daranstecken und die kurzen Trinkhalme ins Glas geben.

Orangen Flip

Zutaten für 1 Drink:
3 cl Bols Triple Sec Curaçao
1 cl Gin
4 cl Orangensaft
2 cl Sahne
1 Eigelb
einige Tropfen Zuckersirup

Zum Garnieren:
Muskatnuß, frisch gerieben

Was Sie sonst noch brauchen:
Eiswürfel, Shaker, Barsieb, 1 Stielglas oder 1 Champagnertulpe

1. Einige Eiswürfel und alle Zutaten im Shaker kräftig schütteln und durch das Barsieb ins Glas abgießen.
2. Den fertigen Drink mit Muskat bestreuen.

Golden Girl

Zutaten für 1 Drink:
3 cl Bols Apricot Brandy
3 cl Wodka
6 cl Orangensaft

Zum Garnieren:
Kiwischeiben, Cocktailkirschen

Was Sie sonst noch brauchen:
Eiswürfel, Shaker, Barsieb, 1 Stielglas oder 1 Champagnertulpe, Cocktailspieß

1. Einige Eiswürfel und alle Zutaten in den Shaker geben. Die Mischung kräftig schütteln und durch das Barsieb ins Glas abgießen.
2. Abwechselnd Kirschen und Kiwischeiben auf den Cocktailspieß stecken und diesen über den Glasrand legen.

Golden Girl

Chiquita Punch

Tropical Red

Zutaten für 1 Drink:
4 cl Bols Red Orange
2 cl Gin
6 cl Orangensaft
6 cl Grapefruitsaft

Zum Garnieren:
1 Orangenscheibe (Schale unbehandelt), 1 Cocktailkirsche

Was Sie sonst noch brauchen:
Eiswürfel, Shaker, Barsieb, 1 Longdrinkglas oder 1 Fantasyglas, Cocktailspieß, 2 Trinkhalme

1. *Einige Eiswürfel und alle Zutaten im Shaker kräftig schütteln und durch das Barsieb ins Glas auf weitere Eiswürfel abgießen.*
2. *Die Orangenscheibe bis zur Mitte einschneiden und an den Glasrand hängen. Die Kirschen mit dem Cocktailspieß daranstecken. Die Trinkhalme ins Glas geben.*

Green Monkey

Zutaten für 1 Drink:
2 cl Bols Grüne Banane
2 cl Bols Blue Curaçao
4 cl Orangensaft
4 cl Sahne

Zum Garnieren:
gehackte Pistazien

Was Sie sonst noch brauchen:
Eiswürfel, Shaker, Barsieb, 1 Cocktailschale oder -glas

1. *Einige Eiswürfel und alle Zutaten im Shaker kräftig schütteln und durch das Barsieb ins Glas abgießen.*
2. *Den Drink mit gehackten Pistazien bestreuen.*

Orangen Flip — *Tropical Red* — *Green Monkey*

TIA MARIA

Tia Maria (Tia bedeutet Tante) ist ein aus Blue Mountain Coffee, Jamaica-Rum, Kakao, Vanille und Kräutern hergestellter süßer Kaffeelikör. Er kommt aus Jamaica, und über seinen Ursprung erzählt man romantische Geschichten.
Spanische Familien beherrschten das 1494 von Kolumbus entdeckte Jamaica, als im 17. Jahrhundert die Engländer die Insel eroberten. Viele Spanier flohen mit dem, was sie in der Eile zusammenraffen konnten. Unter ihnen war die treue Sklavin Tia Maria. Sie rettete für ihre Herrin im Durcheinander der Flucht unter anderem ein altes Pergament mit dem Likörrezept. Dieses befand sich schon seit Generationen im Besitz der Familie. Der Likör, den man nun der Sklavin zu Ehren »Tia Maria« taufte, wurde schon lange Zeit nur für den Bedarf der Familie hergestellt.
Vor nicht allzulanger Zeit entdeckte Dr. Kenneth Leigh Evans, ein Arzt und prominenter Wissenschaftler, bei Freunden auf Jamaica den Likör.
Er erfuhr von dem alten Familienrezept und der Tatsache, daß man ihn wegen seiner kurzen Haltbarkeit nur in kleinen Mengen herstellen konnte. Nach vielerlei Experimenten fand er eine Rezeptur, die den Likör stabilisierte, gründete eine Handelsgesellschaft und begann »Tia Maria« im großen Stil zu verkaufen. Heute wird der 26,5%ige Likör auf allen Weltmärkten angeboten und zählt zu den größten Likörmarken.
Tia Maria eignet sich durch seine Aromafülle hervorragend als Digestif oder zum Kaffee. Er verbindet sich beim Mixen exzellent mit Spirituosen, Säften und anderen Zutaten wie Sahne oder Milch.

Tia Banana

Zutaten für 1 Drink:
3 cl Tia Maria
1 cl Cognac
1 cl Bols Creme de Bananes
4 cl Orangensaft
8 cl Bananennektar

Zum Garnieren:
Bananenscheiben, Erdbeeren

Was Sie sonst noch brauchen:
Eiswürfel, Shaker, Barsieb, 1 Longdrinkglas, Cocktailspieß, 2 Trinkhalme

1. *Einige Eiswürfel und alle Zutaten im Shaker kräftig schütteln und durch das Barsieb ins Glas auf weitere Eiswürfel abgießen.*
2. *Die Früchte auf den Spieß stecken und über den Glasrand legen. Die Trinkhalme ins Glas geben.*

Tia Maria Alexander

Zutaten für 1 Drink:
4 cl Tia Maria
2 cl Cognac
4–6 cl Sahne

Zum Garnieren:
Muskatnuß, frisch gerieben

Was Sie sonst noch brauchen:
Eiswürfel, Shaker, Barsieb, 1 Cocktailschale

1. *Einige Eiswürfel und alle Zutaten in den Shaker geben. Das Ganze kräftig schütteln und durch das Barsieb in die Cocktailschale abgießen.*
2. *Den fertigen Drink mit Muskat bestreuen.*

Tia Maria Alexander *Tia Banana*

Tia Orange

Zutaten für 1 Drink:
4 cl Tia Maria
16 cl Orangensaft

Zum Garnieren:
1 Orangenscheibe (Schale unbehandelt)

Was Sie sonst noch brauchen:
Eiswürfel, Shaker, Barsieb, 1 Longdrinkglas, Stirer

1. *Einige Eiswürfel und die beiden Zutaten in den Shaker geben. Das Ganze kräftig schütteln und durch das Barsieb in das Longdrinkglas auf weitere Eiswürfel abgießen.*
2. *Die Orangenscheibe bis zur Mitte einschneiden und an den Glasrand stecken. Den Drink mit dem Stirer servieren.*

Tia Tropical

Zutaten für 1 Drink:
2 cl Tia Maria
2 cl weißer Tequila
2 cl Erdbeersirup
1 cl Zitronensaft
6 cl Orangensaft
6 cl Maracujanektar

Zum Garnieren:
1 Erdbeere

Was Sie sonst noch brauchen:
Eiswürfel, Shaker, Barsieb, 1 Longdrinkglas, 2 Trinkhalme

1. *Einige Eiswürfel und alle Zutaten in den Shaker geben. Das Ganze kräftig schütteln und durch das Barsieb in das Longdrinkglas auf weitere Eiswürfel abgießen.*
2. *Die Erdbeere einschneiden und an den Glasrand stecken. Die Trinkhalme ins Glas geben.*

Tia Orange – ein unkomplizierter, frischer Longdrink mit Kaffeearoma. Kann auch gleich im Glas zubereitet werden, dann aber viel Eis verwenden.

Tia Tropical – ein leichter Drink mit Kaffeegeschmack, ideal zur Sommerparty an heißen Nachmittagen oder als Longdrink am Abend.

Orange Velvet

Zutaten für 1 Drink:
2 cl Orgeat (Mandelsirup)
2 cl Sahne
8 cl Orangensaft
8 cl Maracujanektar

Zum Garnieren:
1 Orangenscheibe (Schale unbehandelt),
1 Kiwischeibe, 1 Cocktailkirsche

Was Sie sonst noch brauchen:
Eiswürfel, Shaker, Barsieb, 1 Longdrinkglas, Cocktailspieß, 2 Trinkhalme

1. Einige Eiswürfel und alle Zutaten im Shaker kräftig schütteln und durch das Barsieb ins Glas auf weitere Eiswürfel abgießen.
2. Die Orangenscheibe einschneiden und an den Glasrand hängen. Mit dem Cocktailspieß die Kiwischeibe und die Kirsche daranstecken. Die Trinkhalme ins Glas geben.

Yellow Orchid

Zutaten für 1 Drink:
2 cl Grenadinesirup
2 cl Rose's Lime Juice
1 cl Zitronensaft
6 cl Grapefruitsaft
10 cl Orangensaft

Zum Garnieren:
Erdbeeren, Melonenstücke

Was Sie sonst noch brauchen:
Eiswürfel, Shaker, Barsieb, 1 Longdrinkglas oder 1 Fantasyglas, Cocktailspieß, 2 Trinkhalme

1. Einige Eiswürfel und alle Zutaten in den Shaker geben. Das Ganze kräftig schütteln und durch das Barsieb ins Glas auf weitere Eiswürfel abgießen.
2. Erdbeeren und Melonenstücke auf den Cocktailspieß stecken und diesen über den Glasrand legen. Die Trinkhalme ins Glas geben.

Baby Pina Colada

Zutaten für 1 Drink:
16 cl Ananassaft
2 cl Sahne
2 Barlöffel Cream of Coconut oder
4 cl Cocossirup

Zum Garnieren:
¼ Ananasscheibe, 1 Cocktailkirsche

Was Sie sonst noch brauchen:
Elektromixer, 1 Longdrinkglas, Eiswürfel, Cocktailspieß, 2 Trinkhalme

1. Alle Zutaten im Elektromixer gut durchmixen und in das Longdrinkglas auf einige Eiswürfel abgießen.
2. Das Ananasstück an den Glasrand hängen und mit dem Cocktailspieß die Kirsche daranstecken. Die Trinkhalme ins Glas geben.

Baby Pina Colada

Yellow Orchid

Andrea

Zutaten für 1 Drink:
4 cl Curaçao Bleu Sirup
2 cl Orgeat (Mandelsirup)
2 cl Zitronensaft
12 cl Orangensaft

Zum Garnieren:
1 Orangenscheibe (Schale unbehandelt),
1 Cocktailkirsche

Was Sie sonst noch brauchen:
Eiswürfel, Shaker, Barsieb, 1 Longdrinkglas oder 1 Stielglas, Cocktailspieß, 2 Trinkhalme

1. Einige Eiswürfel und alle Zutaten im Shaker kräftig schütteln und durch das Barsieb ins Glas auf weitere Eiswürfel abgießen.
2. Die Orangenscheibe bis zur Mitte einschneiden und an den Glasrand hängen, mit dem Cocktailspieß die Kirsche daranstecken. Die Trinkhalme ins Glas geben.

Alice

Zutaten für 1 Drink:
2 cl Grenadine-Sirup
2 cl Sahne
8 cl Orangensaft
8 cl Ananassaft

Zum Garnieren:
1 Orangenscheibe (Schale unbehandelt),
1 Cocktailkirsche

Was Sie sonst noch brauchen:
Eiswürfel, Shaker, Barsieb, 1 Longdrinkglas, Cocktailspieß, 2 Trinkhalme

1. Einige Eiswürfel und alle Zutaten in den Shaker geben. Das Ganze kräftig schütteln und durch das Barsieb in das Longdrinkglas auf weitere Eiswürfel abgießen.
2. Die Orangenscheibe bis zur Mitte einschneiden, an den Glasrand hängen und mit dem Cocktailspieß die Kirsche daranstecken. Die Trinkhalme ins Glas geben.

Pussy Foot

Zutaten für 1 Drink:
2 cl Grenadinesirup
6 cl Ananassaft
6 cl Orangensaft
6 cl Grapefruitsaft

Zum Garnieren:
¼ Ananasscheibe, 1 Cocktailkirsche

Was Sie sonst noch brauchen:
Eiswürfel, Shaker, Barsieb, 1 Longdrinkglas oder 1 Fantasyglas, Cocktailspieß, 2 Trinkhalme

1. Einige Eiswürfel und alle Zutaten im Shaker kräftig schütteln und durch das Barsieb ins Glas auf weitere Eiswürfel abgießen.
2. Das Ananasstück einschneiden, an den Glasrand hängen und mit dem Spieß die Kirsche daranstecken. Die Trinkhalme ins Glas geben.

Pussy Foot – diese »Katzenpfote« zeigt Ihnen garantiert keine Krallen, da alkoholfrei.

Strawberry Milk Shake

Zutaten für 1 Drink:
5 Erdbeeren
1 Kugel Vanilleeis
4 cl Erdbeersauce (Eissauce)
15 cl kalte Milch

Zum Garnieren:
1 Erdbeere

Was Sie sonst noch brauchen:
Elektromixer, 1 großes Glas, 2 Trinkhalme

1. Alle Zutaten im Elektromixer gut durchmixen und in das große Glas abgießen.
2. Die Erdbeere an den Glasrand stecken und die Trinkhalme ins Glas geben.

Strawberry Milkshake – altbewährt und immer beliebt ist dieser Milk Shake. Läßt sich auch mit Bananen, Mango oder Pfirsichen mixen.

Cinderella

Zutaten für 1 Drink:
1 cl Grenadinesirup
2 cl Cocossirup
2 cl Sahne
8 cl Orangensaft
8 cl Ananassaft

Zum Garnieren:
Bananenscheiben, Cocktailkirschen, 2 Ananasblätter

Was Sie sonst noch brauchen:
Eiswürfel, Shaker, Barsieb, 1 Longdrinkglas, Cocktailspieß, 2 Trinkhalme

1. *Einige Eiswürfel und alle Zutaten im Shaker kräftig schütteln und durch das Barsieb ins Glas auf weitere Eiswürfel abgießen.*
2. *Auf den Spieß zuerst die Ananasblätter und dann abwechselnd Cocktailkirschen und Bananenscheiben spießen. Den Fruchtspieß über den Glasrand legen. Die Trinkhalme ins Glas geben.*

Die unschuldige, schöne Cinderella, zu deutsch Aschenputtel, verlieh diesem märchenhaften Drink ihren Namen.

Speedy Gonzalez

Zutaten für 1 Drink:
2 cl Curaçao Bleu Sirup
6 cl Maracujanektar
6 cl Grapefruitsaft
6 cl Bananennektar

Zum Garnieren:
2 Erdbeeren, 2 Karambolescheiben

Was Sie sonst noch brauchen:
Eiswürfel, Shaker, Barsieb, 1 Longdrinkglas oder 1 Fantasyglas, 2 Trinkhalme

1. *Einige Eiswürfel und alle Zutaten in den Shaker geben. Die Mischung kräftig schütteln und durch das Barsieb ins Glas auf weitere Eiswürfel abgießen.*
2. *Die Erdbeeren und die Karambolescheiben an den Glasrand stecken. Die Trinkhalme ins Glas geben.*

Speedy Gonzalez – auch die schnellste Maus von Mexiko legt bei diesem Drink einen Halt ein.

REZEPT- UND SACHREGISTER

Damit Sie genau wissen, in welche Kategorie die einzelnen Drinks gehören (es können auch mehrere sein), finden Sie die entsprechenden Abkürzungen hinter den Drinknamen.

Die Abkürzungen bedeuten:

A	Aperitif
AF	Alkoholfrei
C	Cocktail
CH	Champagnerdrink
D	Digestif
F	Fizz
FA	Fancy Drink
FL	Flip
L	Longdrink
S	Sour
SA	Sahnedrink
TL	tropischer Longdrink

Pete A. Eising und Susanne Eising
haben sich ausschließlich auf Food-Fotografie spezialisiert. In ihrem Studio für Lebensmittelfotografie entstehen anspruchsvolle Food-Aufnahmen. Zum Kundenkreis gehören Werbeagenturen und Industrieunternehmen, Zeitschriftenredaktionen und Kochbuchverlage. Um den Service abzurunden, ist an das Fotostudio eine Bildagentur mit Sitz in München und in der Schweiz angeschlossen, selbstverständlich mit dem großen Hauptthema Food. Sowohl im Studio als auch in der Küche sind nur Profis beschäftigt. Neben Pete A. Eising und Susanne Eising hat an diesem Buch Martina Görlach mitgearbeitet. Sie war für die Requisite zuständig und wirkte auch an der fotografischen Gestaltung mit. In der Küche sind ständig zwei Köche beschäftigt.

Das Farbfoto auf der Einband-Vorderseite zeigt die Drinks Adria Look, Rezept Seite 78 und Red Kiss, Rezept Seite 61.

Die Deutsche Bibliothek –
CIP-Einheitsaufnahme
Mixvergnügen: mit und ohne Alkohol; verführerische und berühmte Drinks aus aller Welt / Franz Brandl. – 1. Aufl. – München: Gräfe und Unzer, 1991
ISBN 3-7742-1124-8
NE: Brandl, Franz

1. Auflage 1991

Redaktion: Dr. Stefanie von Werz-Kovac
Gestaltung: Ludwig Kaiser
Umschlaggestaltung: Birgit Rademacker, Ludwig Kaiser
Fotos: Foodfotografie Eising
Herstellung und Satz (DTP): Birgit Rademacker
Reproduktion: Wartelsteiner
Druck: Appl, Wemding
Bindung: Großbuchbinderei Monheim

ISBN 3-7742-1124-8